社交好口才

吴 阳◎著

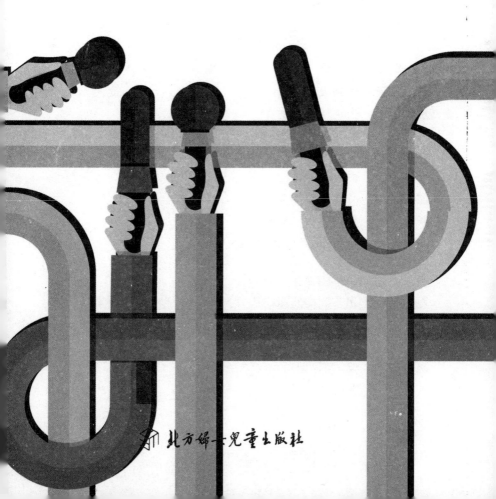

北方妇女儿童出版社

图书在版编目（CIP）数据

社交好口才 / 吴阳著. -- 长春 : 北方妇女儿童出版社, 2019.3
　　ISBN 978-7-5585-3243-6

　　Ⅰ. ①社… Ⅱ. ①吴… Ⅲ. ①心理交往－口才学－通俗读物 Ⅳ. ①C912.13-49

中国版本图书馆CIP数据核字（2018）第291317号

出 版 人	刘　刚	
封面设计	艺和天下	
责任编辑	张晓峰	
开　　本	140mm×200mm　1/32	
印　　张	6	
字　　数	145千字	
印　　刷	三河市元兴印务有限公司	
版　　次	2019年3月第1版	
印　　次	2019年3月第1次印刷	

出　　版	北方妇女儿童出版社	
发　　行	北方妇女儿童出版社	
地　　址	长春市人民大街4646号	
邮　　编	130021	
电　　话	编辑部：0431-86037512	
	发行部：0431-85640624	

定　　价	39.80元

P 前 言
REFACE

"好风凭借力，送我上青天。"人们在工作中交谈，在政治上辩论，在经济战场上驰骋，在生活中尽情地挥洒和展现自己的才华，都离不开口才这个"好风"。口才是现代人所必须具备的重要能力之一。从木桶理论考量，光是"好酒"还不行，满腹经纶而木讷寡言，很难在现代社会进退自如。从某种意义上说，口才可以决定一切。

口才是人走向社会，走向成功的通行证。戴尔·卡耐基说："一个人的成功，约有15%取决于知识和技术，85%取决于人际沟通和口才等综合素质。"

社交口才是一种技能、一种艺术，是一个人在交往活动中口语表达能力的体现。随着社会的不断发展，人与人之间交往越来越频繁、密切，口才在社交场合中的作用也愈显重要，并已渗透到当代生活的各个领域。

可以说，凡有社交口才的人，讲话时多能闪烁出真知灼见，给人以精明、睿智、风趣之感。一个人的社交口才也成为现代人必备的重要能力之一。

如果你想在人生道路上走得更加顺畅，如果你想在人际交往中无往而不利，那就必须重视社交口才。

本书从社交的角度谈口才，全面分析社交口才的基本理论和方法，深入地介绍了社交口才制胜的方法和策略。让你熟练掌握社交口才技巧，使你在社交社会交往中如虎添翼、大显身手，由此创造出更精彩的人生。

C目录
ONTENTS

第一章
有声有色，好口才能引人入胜

说一句悦耳的开场白

生活中免不了与人交往，有时候往往第一句话就能决定交谈的深度。一句悦耳的开场白，很可能会使谈话双方成为无话不谈的知音；一句不中听的话，很可能会破坏交谈气氛，失去结交朋友的机会。

张力的人际关系就非常好。无论是与陌生人交谈，还是与熟人聊天，他都能制造出非常活跃的谈话气氛，并且在交谈过程中，使双方的感情进一步加深。这就是他获得好人缘的原因所在。

一次，张力参加一个同事的生日聚会，在会场上遇到了这个同事的老同学王宾。他便走上前去，彬彬有礼地说："您好！听说您和今天的寿星是老同学？"王宾略带惊讶却高兴地点点头说："您是？""我是他的同事，很高兴能与您相识！今天还真是个好日子，不但能给同事祝寿，而且还结交到一个好朋友，真是很难得。"张力面带微笑地说。王宾也高兴地迎合着张力的话题，两人就这样高兴地攀谈起来。生日宴会结束后，两人依依不舍地告别了。

张力与王宾之所以能成为好朋友，第一句开场白的作用很重要。试想如果张力的第一句话没有引起王宾的注意，没有为交谈营造一个良好融洽的气氛，那么二人的结局可能会是另一番景象。

当然，说好第一句话，并不只限于与陌生人的交往中，还可以渗透到朋友、夫妻、亲人的交往之中，这样便可增进友情、巩固爱情、温暖亲情。

丈夫因事外出，不慎将随身携带的3000元钱弄丢了。丈夫心里非常着急，本来家里就不富裕，而且这3000元是妻子辛辛苦苦、奔波忙碌攒下来的。想到这里，他开始不停地责怪自己，不知道该怎么向妻子交代。无奈之下，他只得拨通了家里的电话。电话接通后，他支支吾吾地说："对不起，我……我……不小心……把3000块钱给丢了。"

妻子听了以后说："人丢了没有？只要人没有丢就好啊，赶快回家吧……"听完妻子的话，他感动得不知所措，愣愣地站在电话亭旁，过了好一会儿才回过神来。其实，妻子平时非常节俭，丢了钱，她心里一定非常难过，可是她通情达理，知道事情既然已经发生了，再怎么埋怨也没有用。

生活中，无论是亲戚、朋友之间，还是夫妻之间，都会出现这样或那样的矛盾。这些矛盾很多时候都是由第一句话所引起的。由此可见，说好第一句话的重要性。

那么，如何才能把第一句话说好呢？以下几点可供参考：

1. 让第一句话拉近彼此之间的距离

赤壁之战中，有一次，鲁肃去见诸葛亮，他刚一见面的开场白是："我，子瑜友也。"而子瑜正是诸葛亮的哥哥诸葛瑾，与鲁肃乃是忘年之交。就这样，鲁肃与诸葛亮马上就搭上了关系，拉近了彼此之间的距离。任何人都不可能离开人群不与其他人交往，只要彼此都留意，就不难发现双方潜在的那层"亲戚"关系。

譬如，"你是天津人？我以前在天津上大学。说起来，还真巧呢！天津可真是个不错的地方。"

"您是清华大学毕业的？我也是，咱们还是校友呢！您是哪届的呀？说不定咱们还是同届的呢！"

"您来自皖南，我是在皖北出生的，两地相隔咫尺。在这里居然还能遇到老乡，真是一件令人开心的事情。"

这种初次见面互相攀亲的谈话方式，很容易搭建起陌生人之间谈话的桥梁，使双方在短时间内产生一见如故、相见恨晚的感觉，从而给对方留下良好的第一印象。

2. 用第一句话让人感受到尊重

对陌生人表示尊敬、仰慕，是礼貌的第一表现，也更能拉近彼此之间的距离。但是，采用这种方式必须注意：要掌握好分寸，褒奖适度，不能胡乱吹捧，谈话的内容要因时因地而异。

例如，"我曾拜读过您多部作品，从里面学到的东西颇多，可谓受益匪浅！没想到今天竟能在这里见到您，真是荣幸之至啊！"

"今天是教师节，在这美好的日子里，我真诚地祝您节日快乐、身体健康、桃李满天下。"

"您的家乡桂林是个风景秀丽的地方，不是还有句话说'桂林山水甲天下'吗，我今天非常高兴能认识您这位桂林的朋友。"

3. 在第一句话中就把问候送出去

无论是与陌生人的初次见面，还是与熟人相遇，问候都是少不了的。一见面，最好第一句话就将问候送出去。一般情况下，"您好"是最常见的问候语，但是若能根据交谈对象、时间、场合的不同，而使用不同的问候语，效果就会更好。如对德高望重的长辈，应说"您老人家好"，以示敬意；对年龄跟自己相仿者，称"先生（女士）您好"，显得更加亲切；如果对方是医生、教师等，可在"您好"前加上职业称谓。若是节日期间，可以说"节日好""新年好"，给人以祝贺节日之感；也可按照时间分别对待，早晨说"早上好"，中午说"您好"，晚上说"晚上好"，就很得体。

人生无处不相逢。其实与陌生人交谈并不可怕，没有必要过于拘谨，只要主动、热情地与他们聊天，努力寻找双方的共同点，遇到冷场时，能及时找到话题，制造融洽的谈话气氛就可以了。只要学会了这些技巧，就能赢得对方的好感，拉近彼此之间的距离。

总而言之，初次见面第一句话是非常关键的，好的开场白是对方敞开心扉的敲门砖，也是使人一见如故的秘诀。

4. 第一句话就使人感到体谅、关爱、包容

如何与陌生人说好第一句话，又怎样与朋友、亲人说好第一句话呢？这其中，也有一定的方法可循。

生活中，朋友、亲戚、家人之间，时不时会出现一些矛盾，这个时候，能否顺利化解矛盾，第一句话将起着决定性作用。一句不得体的话，不但会加深彼此之间的矛盾，还可能会伤害到彼此间的感情。所以，在说话前一定要仔细考虑说好第一句话，我们不妨在语言里多融入些关爱与包容。这样，再深的矛盾也可能会因为爱而化解。

学会谈平淡如常的话题

关于话题，可能有人认为，只有那些令人兴奋刺激的话题才值得一谈。所以便苦苦地搜寻一些奇闻、令人惊心动魄的事情，或是令人难以忘却的经历，以及不寻常的事情。其实，这种认识大错特错，往往那些看似平淡如常的话语更会让人产生亲切感。

一位年轻漂亮的姑娘，走进一家珠宝店，在柜台前端详了许久。售货员礼貌地问了一句："姑娘，请问您需要什么？"

姑娘不冷不热地回答说："随便看看。"从他的言语中，

售货员敏锐地察觉到这是位性格独特的女孩。此时，售货员如果不能找到令顾客满意的话题，那么，这笔生意很可能泡汤，钱财就从自己手边溜走了。

这时，售货员开始不断打量这位年轻漂亮的姑娘，他从姑娘的穿着打扮上判断，这位顾客是一个非常讲究的人。于是，售货员赞美道："您的这件上衣好漂亮呀！一定花了很多钱吧？"姑娘的视线从陈列品上移开了，说："当然了，这种上衣的款式比较特别，我非常喜欢它。"售货员又接着说："这么有品位的衣服，肯定不是在国内买的吧！"姑娘骄傲地说："当然不是，它是我朋友从国外给我带回来的。""姑娘您本来就天生丽质，再穿上这件衣服，更显得光彩照人了。"售货员面带微笑地说。

"您过奖了。"姑娘有些不好意思地说。

售货员见此情景，又补充道："不过，这似乎还有些美中不足，如果您能再搭上一条项链，那就锦上添花了，它能将您衬托得更加完美。"

姑娘客气地说："是呀，我也是这么想的，只是项链也是一种价格不菲的商品，我有些担心自己选得不合适……"

售货员又说："姑娘如果信得过我，就让我做姑娘的参谋吧……"

最后，这笔买卖顺利地做成了，姑娘满意地买走了适合自己的项链，而售货员也得到了一定的收入。

有人认为，这种交谈方式是做买卖的一种手段。其实，寻找安全性话题的谈话方式，完全可以运用到各种交际场合中。

与人交谈时，有人感到非常拘束，羞于启齿；有人觉得找不到共同话题，没有共同语言，无法交谈；有人倍感尴尬窘迫，欲言又止，或语无伦次；有人说话生硬，让人误解……产生这些现象的根本原因在于没有找到安全性话题。那么，究竟什么样的话题，才算得上是安全性话题呢？那么，如何才能找到安全性话题呢？以下几点可供参考：

1. 首先，讲话要因人而异

有些话题，虽然一般人听起来会觉得很有趣，而且在谈话中，非常受人欢迎，无论是听的人还是讲的人，都能有种满足感。但这类话题毕竟不多，有些诸如家喻户晓的新闻，根本不等你来讲，别人就早已听过了。

你在某一个场合，讲了一个故事，很受大家的欢迎，而这个故事在另外一些人的面前，并不见得合适。所以，如果一味地认为只有那些不平凡的事情才值得交谈，那也就会常常觉得无话可谈了。

2. 其次，要寻找大家熟知的话题

寻找谈话的内容，也是一个非常关键的环节。

有些人喜欢与别人谈一些与哲学相关的话题，但由于大多数人对这样的话题不感兴趣，所以若以这样一个话题开场，即便准备得再充分，在一般场合下，也会变得无话可谈。

如果在日常生活中多加留意的话，那么很多题材都可以成为良好的谈话素材。比如，谈足球、篮球和羽毛球；或是谈生命、爱情、同情心、责任感、真理、荣誉。也可以谈一些饮食、天气之类的；还可以谈谈某个人的见解，顺便陈述一下自己的观点等。当然这是一个灵活的话题，也可以做一下调整。

如果双方是初次见面的陌生人，不妨先从天气、籍贯、兴趣和衣着等方面入手。这些也属于安全性话题，而且不会触

及个人隐私，以便继续交谈下去。如"你是哪里人？""山东。"这样，便可以列举山东一些秀美的景观、发达的城市，等等。如此一来，双方的话匣子就打开了，谈话氛围也会逐渐好起来。或者，你还可以说："今天天气真好，如果能外出郊游，那可真是不错。你喜欢什么样的户外运动？"对方可能会说："我喜欢爬山……"然后，就可以循着对方的话题，继续交谈下去。顺势类推，绝对能找出源源不断的话题，甚至会觉得意犹未尽。

3. 再次，试着探求对方的兴趣爱好，寻找安全性话题

人际交往中，若想与众人攀谈，只要主动、热情地同他们说话、聊天，在话语中逐渐摸索、尝试，总会找到合适的话题。

与人交往过程中，要想找到对方的兴趣和爱好，不断拓宽谈话范围，那么说出来的第一句话，就必须要使对方能够充分明了。比如，看到一个雕像，可以指着这件雕像说，真像××的作品；抑或是听见鸟鸣，就说很有门德尔松音乐的风味。说出这些话的时候，要确定对方在这方面不是一个外行才行，否则，不仅不能讨好取悦对方，还有可能会让人感到厌烦。

如果不知道对方的职业，就不可胡乱说话，因为失业的人太多了，自尊心很强同时又下岗的人，非常讨厌别人问及他的职业，所以像这样的话题，要尽量地回避。

若想知道一个人的职业，可以说："阁下常常去游泳吗？"他说："不。"那你就可以问他："整天都是很忙吗？每天去哪儿消遣比较多呢？"这种问法，也是试探他人职业的一种方法，这样，就可以试探出对方是否有稳定的工作。如果对方的回答是周末或每天五点后去消遣，那么，这个人肯定是

有固定职业的人，反之，就不必再细问了。

一旦确定了这个人有工作，再去问及职业，如此一来，就可以和对方谈工作范围以内的事情了。把话语权交给别人

把话语权交给别人

上帝造人的时候，只给人一张嘴，却给人两只耳朵，这是为什么呢？这是要人们少说多听，唯有如此，才能从谈话中挖掘出更多的信息，才能对加深相互了解、深度交谈有所裨益。

英国一家大型汽车公司准备采购一批汽车坐垫。为了争取到这个大客户，三家汽车坐垫生产公司都准备好了样品，等待汽车公司高级职员的检查。为了买到最好的汽车坐垫，汽车公司的高级职员准备让这三家坐垫生产厂家进行最后的角逐。于是，汽车公司给三个坐垫生产商同时发了一个通知，让各厂代表准备最后一次较量。

汤姆是三个代表之一，当他代表公司与汽车公司高级职员交谈时，正患着咽喉炎。当汽车公司高级职员让他描述自家产品的优越性时，他在纸上写下了这样一段话："尊敬的先生们，我嗓子哑得几乎不能发出声音，因此，我把说话权交给在座的各位。请原谅我的不礼貌。"

汽车公司总经理看到这段话后，说："我来替你说吧。"他陈列出汤姆带来的坐垫样品，非常仔细地讲述了它的优点，

在座的每位领导都发出了称赞的声音。汽车公司的总经理自始至终都在为汤姆说好话，而汤姆则只是象征性地点点头或微微一笑。然而，这样的洽谈竟然赢得了汽车公司的青睐，汤姆与汽车公司签订了价值180万元的订购合同单。

后来，汤姆回忆说："当时如果我像其他厂家的代表一样，对自家产品夸夸其谈，说不定我，会失去这次合作机会。我之所以能在三个代表中脱颖而出，是因为我把话语权交给了汽车公司的总经理，而我自己却成了一个听众。这次经历让我发现把话语权交给别人，有时是多么重要啊！"

一个商店的售货员，如果不管三七二十一，总是自顾自地拼命称赞自家产品，不给顾客说话的机会，很可能失去一位准客户。原因是不给顾客说话的机会，就不会了解顾客的需求，即使把自家产品夸得天花乱坠，却不符合顾客的需求，到头来也是徒劳。所以，让自己充当一名听众，也没有什么不好，倾听有时也是一种收获。

把话语权交给别人，有时比自己唠叨更有价值。其实，每个人都不喜欢被别人忽视，而且都想让自己成为交谈中的主角，一旦别人能满足自己的这个想法，就会由衷地愿意与这样的人接触交谈。反之，如果别人一味地把自己当成听众，自己肯定会产生逆反心理，认为对方不够重视自己。

威森是一位对工作兢兢业业的青年，他的工作是向一家专门替服装设计师和纺织品制造商设计花样的画室推销草图。连续三年，威森每个星期都去拜访纽约一位著名的服装设计师。"他从不拒绝接待我，"威森先生说，"不过他也从来不买我的草图。他总是很仔细地看我的草图，然后说，'不行，威森，我想我们今天谈不成了。'"在经历了150次的失败后，威森终于明白自己过于循规蹈矩了，于是他决定，每个星期都抽出一个晚上去研究与人交谈的哲学，来拓展新观念，创造新的工作热情。

不久，他就急于尝试这一新方法。他随手抓起六张还没完成的草图，冲入买主的办公室。"如果你愿意的话，希望你帮我一个小忙，"他说，"这些都是尚未完成的草图，你能不能告诉我，我们应该如何把它们做完才能对你有所帮助？"

这位买主默默地看了看那些草图，然后说："把这些图留在这里，几天后再来见我。"

三天以后，威森又去了，把草图拿回画室，依据买主的意思把它们修改完成。结果那位买主全部接受了。从那以后，买主又向他订购了许多图案，不仅如此，双方还成了好朋友，买主还把威森介绍给了他的其他朋友。

其实，图案都是根据买主的想法画成的，威森却净赚了1600多美元的佣金。"我现在明白，为什么这么多年来一直无法和这位买主做成生意，"威森说，"我以前只是说服他买下我认为他应该买的东西，但现在我尽量把话语权交给对方，让对方说出自己的观点的看法。让对方觉得这些图案是他自己创造的，而事实也是这样。如今我用不着去向他推销了。"

那么，究竟该怎么做才能把话语权交给别人呢？

1. 控制自己的说话量

也就是说，不要只顾自己说个没完。生活中许多人都有这样的坏习惯，只要话匣子一打开，就没完没了地控制不住。其实，这并不是聪明的做法，而是费力不讨好者所为。一方面，话说得越多，给别人传递的信息就越多，别人在你身上学到的东西也就越多。另一方面，你耗费大量的精力给别人传递信息，别人不但不会感激你，反而会认为你是一个爱炫耀的人，你所说的每一句话不见得都是别人爱听的，也许一句话说得不好就可能会得罪人，由此，别人也会对你敬而远之。由此来看，那些口若悬河的人确实该注意自己的言行了，否则吃亏会更多。

尤其是从事推销这一行业的人，就更应该留意这点。推销员的目的是为了推销产品，使对方能心甘情愿地接受自己的观点，购买自己的产品，所以，在说话这一问题上必须小心谨慎，应该做到让对方尽情地表达自己的观点和看法。这样才能在对方的话语中，揣测到对方的性格、心理、购买欲望。

人际交往过程中，如果自顾自地说个没完，不管对方的来意、兴趣爱好，是很容易被误解的，同时也是对自己不负责的表现。当然，对于对方的提问也不能坐视不理，因为这样是不礼貌的，容易伤害到对方的自尊心。所以，对于别人的提问要耐心地听下去。真诚地鼓励对方把想要说的话说出来，把想法表达清楚。

当然，也不能让自己成为纯粹的听众，偶尔也要表达一下自己的观点，这一点非常重要。比如对方说："我很喜欢月季花。"这时你可以附和对方一句："我也很喜欢，尤其是红色的。"这样一来，对方就会顺着你的话题继续说下去了，从而为彼此间的谈话制造了愉快的气氛，谈话也就可以顺利地进行下去。可是，如果你说出一句大煞风景的话，不但话题不能继续，还有可能会破坏刚刚建立起来的感情，成为顺利交际的障碍。

与人交谈也有一定的规则，虽然它不像交通规则那样刻板，但是也得遵守着红灯停、绿灯行的原则，否则在人际交往中很容易误入雷区。在社交过程中，与人交流并不能像与家人谈话那样随便，想说什么就说什么，想怎么说就怎么说。它需要讲究一定的方式方法，不能纯粹地把自己当成主角，还要适时地充当配角，充当一个听众。在恰当的时间里，扩展谈话的内容，以便继续交谈下去。而且还要不时地与交谈对象互换位置，这样才能使交谈平等地进行下去。

交流是双向的。在听完对方的谈话后，自己要发表一下意见或看法。如果只是默默地听取而不做任何反应，交谈很可能就会陷入一片死寂的气氛中，这对交谈非常不利。再者，当别人发表完意见后，无形中就等于把话语权转交到你的手里，此时，完全可以发表自己的看法，充分展示自己。

2. 要养成倾听的好习惯

前面已经提到，上帝创造人的时候，只给人一张嘴，却给了两只耳朵，目的就是为了告诉人们要养成多听的好习惯。曾经有位科学家做了一项调查研究，研究对象是一批受过专业培训的保险推销员。科学家把业绩最好的10%和业绩最差的10%作了比较，结果发现存在很大的差异，受过同等训练的人，为什么会产生如此大的差别呢？原因就是他们每次推销产品时，讲话的时间长短上有差异，业绩差的那些人，每次推销时说话时间累计为30分钟；而业绩最好的那一部分人，每次推销时说话时间累计只有12分钟。

人们也许要问，为什么只说12分钟的推销员，反倒会取得更加理想的业绩呢？

其实，道理显而易见，因为他们说得少，听得自然也就多了。倾听的过程中，他们能获得较多有用的信息，而且，他们可以在倾听的同时，思索、分析顾客各方面的信息。然后，针对顾客的具体情况、疑惑和内心想法，从中找出解决问题的方法，所以，业绩自然优秀。

善于倾听不仅对人际交往大有裨益，对企业而言，也能起到举足轻重的作用。

松下幸之助就是一个很好的倾听者，这也是松下电器能够不断发展迅速壮大的原因之一。他说，倘若你对员工所提出的意见、建议不加理睬，那在此以后，他们便不愿再提了，这样容易使下属养成懒惰的恶习。因为他们认为提了也无济于事，你也不会听，干脆光听你的不就行了。在这种情况下，下属的积极性还能提高吗？还会开动脑筋吗？智慧还能被激发出来吗？这样显然不行，如此下去，公司就会变得死气沉沉，经济效益也不会好到哪儿去。

把话语权交给别人，还能提升自己的人气，使自己有个好人缘。

每个人都喜欢讲，却不喜欢听，要想处理好人际关系，必须意识到多听比多讲的效果要好得多。让自己尽可能地充当一个好听众的角色，这在人际交往中是很有益处的。

一次，卡耐基到一个著名植物学家的家里做客，植物学家滔滔不绝地给他讲述植物学的专业知识。此时，卡耐基并没有像其他人那样对植物学家的话爱答不理，他似乎对植物学非常感兴趣，听得津津有味、目不转睛，像个喜欢听故事的孩子一样，不时还要向植物学家提出问题。

两人像遇到知己一般，越谈越开心，直到半夜，植物学家仍然意犹未尽，他告诉卡耐基说："你是我所遇到的最好的谈话专家。"

把话语权交给别人，就是告诉人们，要强迫自己去喜欢别人的话题，以足够的耐心去倾听对方的意见，就像去电影院看一场自己并不喜欢的电影，要耐着性子把它看完。如果自己觉得电影不好看就一走了之，那么买电影票的钱也就白花了。在与人相处的过程中，这个道理同样适用，如果不喜欢对方提出的话题，一走了之，这种行为很容易伤害到对方的自尊心，影响双方的感情。所以，在人际交往这个大舞台上，千万别总把自己当成主角，要适时地把话语权交到对方手上。否则，很难得到别人的认同，也很难获得他人的尊敬。

社交场合是一个纷繁复杂的地方，每个人的个性、爱好都不尽相同，如果一味地要求别人去适应你，只听你一个人讲话，那么可以肯定的是，你在社交过程中，不会交到知心好友，更不会办成事。因此，与人交往最重要的一点，就是要把话语权交给别人，这不但对处理人际关系有好处，还可以让你结交好友把事办成。

合理借题发挥，水到渠成

借题发挥，要借得合理、巧妙，构成顺水推舟之势，不能牵强附会。要想做到不牵强、无痕迹地借题发挥，就要顺其自然，以达到顺理成章的效果。尤其是当一个人处于某种场合时，更要善于敏感地、准确地捕捉住眼前的事物，借此发挥出意想不到的效果。

在交际活动中，窘境或被动局面不可避免。碰到这种情况时，如能借助对方提供的话题或某种情况，顺势发挥，往往可以取得出其不意的效果。

1960年4月，周恩来总理在尼泊尔首都加德满都召开了记者招待会。当谈到中尼两国对珠穆朗玛峰的看法不一致时，美国的一名记者问："您是否针对珠峰问题做出了决定？您刚才讲的意思是中尼平分珠峰吗？"

周总理回答说："无所谓平分，我们的友好协商仍在继续。这个山峰已经把我们两国联结在一起了，不是像你所想的要分开我们两国。"

寥寥数语，一"分"一"联"，周总理借题发挥，在纠正记者错误之时，重申了我国的友好睦邻政策。

经验丰富的辩论家总是善于利用有利时机传达自己的意思，并注意扩大其影响。有时，这机会就是发现对方不合理的论证，趁机接过这一论题加以发挥，不仅可以变被动为主动，而且能收到意想不到的效果。

阿凡提害眼病，看不清东西。国王偏偏叫他来辨认东西，还取笑他说：

"你不论看什么，都认为一件东西是两件吗？你本来穷得只有一头毛驴，现在却有两头了，阔起来了，哈哈！"

"真是这样，陛下，"阿凡提说，"就如同现在把你的两条腿看成了四条，和我的毛驴一模一样呢。"

阿凡提对国王的回答，用的也是巧借话题法。他巧妙地利用国王的话题，借题发挥，狠狠地讽刺了国王一番，让其自作自受，自讨没趣。

借题发挥的重点突出一个"借"字，因为所论之题是论敌提供的。能否将论敌的话题借为己用，反映出辩者运用这一对策的论战经验和思辨能力。借题发挥的限制条件是辩论时的特定情境和论战双方的对立关系。

借题发挥通常的做法是以其人之道，还治其人之身。以敌方的论证或方式还击敌方，能产生有力的反驳和揭露的作用。

某次国际会议期间，一个西方外交人士对我国代表狡猾地说："阁下这次在西方逗留了这么长一段时间，是否刚刚才对西方有一点初步认识？"言外之意是讽刺我国代表过去没有接触过西方，对西方的一切知之甚少。

我国代表淡然一笑："40年代我在巴黎受过高等教育，对西方的认识并不比你少，遗憾的倒是您对东方的了解真是太浅薄了。"

以上事例中，中国代表使用借题发挥法，"借"得非常自然，不仅表达了思想，还很合情理。

第二章
巧用声音技巧，提升口才

语言节奏与情感相协调

通常来说，语言的节奏速度应与内在情感相协调。根据发言者的思想感情所呈现的状态不同，声音的节奏速度也随之产生不同的改变。有时轻快，有时凝重，有时高亢，有时低沉，有时急促，有时舒缓。

人们在表达快乐、兴奋、惊惧、愤怒、激动等感情时，语速较快。在表达忧郁、悲伤、痛苦、失望等情绪或心情沉静、回忆往事等心理活动时，语速较慢。当然，也有特殊的情况。如内心明明很紧张、很激动或很愤怒，但语流速度却很平缓，不过，听众可以从说话者平缓的节奏中，体会到说话者内心因为感情而产生了激变。

节奏感强、音色动听、语意连贯的语言，如同优美的歌曲。有些词语需要快速念出来，就像歌曲中的8分音符和16分音符；还有些词语必须念得慢一点，拖长些，就像歌曲里的全音符和2分音符；而有些连贯一气的词语，就像是二连音或三连音。

字母、音节和字词，是语言中的音符，可以组成一曲优美的旋律。正是由于这种有节奏感的语言，才使人们的语言变得富有魅力。因此，要使自己的口语表达如同音乐般优美动听，就必须掌握语言的节奏。

正确处理语言节奏，既符合情感表达的需要，也是说话者思想水平和涵养的体现。为了更好地进行语言节奏的训练，下面为大家介绍几种简单的节奏类型：

1. 轻快型

语调多扬少抑，语音多轻少重，语句多连少停，语流明快活泼。如《荷花淀》中水生与媳妇们嬉戏的一段语言，就是这种类型。

2. 凝重型

语调多抑少扬，语音多重少轻，语句多停少连，语流乎稳厚重。朱自清的散文《背影》就是如此。

3. 低沉型

语调压抑，语音沉痛，停顿多且长，音色暗淡，语流缓慢。《一月的哀思》就属于这一类。

4. 高亢型

语调高昂，语音响亮，语句流畅，语流顺畅。《白杨礼赞》《最后一次演讲》就是如此。

5. 舒缓型

语调多扬，语音多轻，气息顺畅，声音明亮轻柔，语流舒缓。峻青的《秋色赋》就是这种类型。

6. 紧张型

语调多扬少抑，语音多重少轻，语气强且短促，语流速度较快。山东快书《武松打虎》就是如此。

要掌握语言节奏，首先要掌握进行通篇讲话或一次完整性谈话的基本节奏。然后，再根据讲话整体内容调整节奏，使说话节奏与内容的表达节奏和谐一致，充分地表情达意。

练习发音，重视吐字清晰度

戏曲演绎和歌曲演唱历来十分重视吐字的清晰度，讲究"字正腔圆"，并把字正看成是腔圆的基础，非常重视吐字训练。"唱"尚且如此要求吐字，"说"就更重视吐字了。每个字都是有意义的，都是情感的载体，我们说话吐字能力如何，对我们的表达能力有重要影响，因此，必须加强吐字训练。

1. 吐字要求

一是要"真"，二是要"美"。"真"，准确规范，清晰具体。要按普通话语音规律发音，不能读错，也不能含糊，要干脆利落，真真切切。"美"指的是发音要好听，动听圆润，灵巧流畅。

要达到这种效果，就必须在符合语音标准的前提下，加强对口腔的控制。在"真"的基础上讲究"美"，真美结合。做到动听并且规范，饱满圆润而不单薄、苦涩，灵活巧妙、流畅自然而不笨拙呆板。

2. 吐字要领

吐字归音是传统戏曲中的训练方法，是指对字头、字腹、字尾进行处理的完整过程。对字头、字腹、字尾的处理，分别被称为出字、立字、归音。

（1）基本要求。①出字：要求发音准确有力，叼住弹出。字头包括声母和韵头（介音），要发好这一字音就必须把握好声母的发音部位、发音技巧和韵母的"四呼"。要注意有"叼"与"弹"的感觉，而不是直着往上"喷"。②立字：要将音节之间拉开距离，吐字才能圆润饱满。立字主要是对字腹即韵母中主要元音进行处理，其关键在于口形。口腔要适当张开、松紧合宜，立音舒展丰满，结实稳定。③归音：要趋向鲜明，准确到位地将声音减弱收起。归音主要是对字尾即韵尾进行处理，口腔由开到合，肌肉慢慢放松，声音由强到弱。南方人要特别注意区分前后鼻韵n与ng，不能将二者混淆。

（2）枣核形。叼住字头，拉开字腹，弱收字尾，就形成了所谓吐字归音的"枣核形"。这样的吐字方式，点面结合、丰满舒展，能给人以美的享受。"枣核形"指的是：声母、韵头为一端，韵尾为一端，韵腹为中心。同时，不能片面理解"枣核形"的概念。这是因为，我们是在"说话"，不是在"念字"。在有节奏的语流中，不可能把每个字音都发得非常到位，否则，会显得很死板。

（3）零声母字相开尾字的发音。零声母字和开尾字指的是结构不全的字，在吐字时与头、腹、尾齐全的字发音是有区别的。而所谓的零声母字，就是没有声母的字。具体分为两种情形：一种是既无声母也无韵头的无头字，这类字在开始发音（注意指的仅仅是开始）时要适当增加其他主要元音的发音紧张度，使吐字清晰有力；另一种是无声母但有韵头的有头字，发音时，要把韵头当声母来使用，发音宜短而有力，突出分散的特点。

（4）坚持"取中"原则。强化表达效果，在实际发音时，要坚持"取中"原则。"取中"有两层含义，一是相对于日常吐字发音和进行演唱时的吐字发音而言，介于二者之间；二是根据语音自身特点灵活应用。

我们这里说的是后者。在符合语音规律、保证语音原有的前提下，我们认为发音应该这样做：前音稍后、后音稍前或开音稍闭、闭音稍开、横音稍竖、竖音稍横。

恰当停顿表达句意感情

停顿是指口头表述时，在词语之间、句子之间、段落之间进行的间断。说话、演讲时，如果不注意进行语音停顿，就容易造成混乱。而且，如果停顿得不恰当，反而会造成表意错误。因此，停顿是能完整的表情达意的必要手段。

恰当的停顿，能准确表达句意和感情，也能让听众在听后能有所领悟和思考，还可以使说话者得到中间休息换气的机会。

停顿有以下四种情况：

1. 语法停顿

根据标点进行停顿，能让听众在听后有所领悟和思考。因此，其停顿的时间、方式不尽相同。我们平时说话时，段与段之间是停顿最长的，句号、问号、感叹号停顿的时间较长，逗号、分号、冒号次之，而顿号的停顿时间最短。

2. 逻辑停顿

书面语言用标点表示停顿，但在口语中，为了加强表达效果，可以根据情况合理地进行适当的停顿。词组之间的停顿富于变化，但停顿也不可滥用，要根据当时的实际情况，做出适当的选择。

3. 感情停顿

也称为"心理停顿"，其目的是为了强化感情。恰当地进行感情停顿，可以使悲伤、激动、不安、质疑、沉吟、回忆、思考、想象等复杂的感情和心理状态更准确地表达出来。

感情停顿是一种我们需要掌握的非常重要的语言技巧，它能充分体现"隐语"的作用，使听众从说者的停顿中体会语言的内涵和感情，从而使语言听起来更加生动。

4. 生理停顿

即中间自然的停歇换气。通常说来，生理停顿与其他三种停顿方式不可分离。这种停顿必须符合语法、规定、逻辑的需要，且一般不单独进行。

要掌握停顿艺术，还要注意时间长短和气息调节。一般情况下，句子越长，含义越丰富，停顿也就越多；句子越短，含义越少，停顿也越少。表现回忆、思考等心理状态和凝重、含蕴的感情时，停顿多，时间长；而表现愉快、轻松的心情时，停顿少，时间短。

停顿的气息处理，必须根据语意合理进行，有时急停、有时慢停、有时强停、有时弱停。这种气息停顿的变化，是为了突出内在情感。停顿训练要从语法停顿、逻辑停顿、感情停顿等概念的理解，以及各种标点的停顿方法入手开进行，慢慢地再到个体语言现象的分析，总结出口语停顿的规律。在此基础上，逐步练习，并根据录音加以分析点评。

可以根据要求进行以下练习：

1. 领属性停顿练习

"他做过营业员，在杂志社做过编辑，曾经还是个电工。"（在"他"字后进行比后面逗号时间更长停顿。）

2. 呼应性停顿练习

"现在播报中央气象台今天凌晨6点发布的天气预报。"（在"播报"这个词后进行停顿，和"天气预报"相呼应。）

3. 并列性停顿练习

"过去，我们没有在困难面前屈服，现在，这点挫折怎么能击垮我们呢？"（要在"过去""现在"后进行停顿。）

4. 强调性停顿练习

"曾经是天堑的长江，现在终于被我们征服了！"（在"被我们"这个词后进行较长停顿，以突出征长江的壮举。）

5. 区分性停顿练习

"中国队战胜了俄罗斯队,赢得了最后的胜利。"(若在"了"字后停顿容易让人误解,所以,要在"俄罗斯队"后停顿。)

6. 情绪转换性停顿练习

"本来我还以为能看到精彩的日出,谁知道却下起雨来。"(在"日出"后进行延长停顿,表达热切期望的心情急剧变化为失望。)

7. 回昧性停顿练习

"心灵中的阴暗必须借助知识的力量恢复光亮。"(这句名言在"暗"字处进行停顿,能留给人思考的余地。)

8. 生理性停顿练习

"我……我弄丢了佛莱恩节夫人的项链。"(在"弄丢了"和"夫人"两个词后留有停顿,表现担心和谎乱。)

降低声音,增强感染力

很多年轻人说话声音过尖,不仅会让人厌烦,也会让人不愿意亲近你。女性由于生理原因,这一情况更加严重,尖细的声音听上去,就像粉笔划过黑板时发出的噪声。

那么，如何改变这一情况呢？想要有深厚的声音，就必须产生低沉的共鸣。

手自然地向下垂，一遍一遍地说"我想不会下雪的"这句话。同时，慢慢地降低音调，一直到最低音为止。然后，用能正常说话的最低音再说几个别的句子。

下面几种方法可以帮助你在日常生活中自然而然地说出浑厚的低音。

1. 朗读法

坐在椅子上，双脚自然垂于地面并且双脚之间保持12厘米的距离，在地面上放一本准备读的书。弓腰、头向下、双臂自然向下，用指头轻触地面，全身放松。然后，开始运用腹部呼吸帮助朗读书本内容。

这时，胸腔会产生共鸣，声音也就随之降低。注意体会你此刻的声音——这是你可以拥有的抬头坐直之后，恢复到刚刚的姿势，再读几遍。

在这个练习中，朗读纯粹是为了练习音色，所以，不用刻意在乎文章本身的内容。

2. 画圈法

在学校里，教师教导学生们用连笔写英文，首先要求学生会画圆圈。

现在，以自然姿态站好，用手在空中连续画圈，将你的声音想象成流畅的曲线。当声音快没有时，就收紧呼吸动力中心，再次努力发音。时刻提醒自己：如果唱针卡住了，那就是唱片坏了。此刻，你的声音也是如此，必须连续下去，不能间断。

用这个方法发"啊——""哦——""欧——"等音。

高声朗诵，双手平放胸前，要求自己使用胸腔共鸣，这也是个可行的办法。注意，不能升高句末的音调，那会显得迟疑、不确信，没有自信。

要想强调语音，降低声调比提高声调有效得多。想让自己的声音听起来动人、有感染力、具有亲切感，必须尽量降低自己的声音。

在交谈中也要注意保持低音，特别是用手机交谈时，可以在手里拿一支铅笔，与嘴唇保持16力厘米的距离，然后，向下对着手里的铅笔，用低音说话。

声音圆润，掌控声音速度

交谈礼仪的基本要求是要做到和气、文雅、谦逊、和颜悦色。此外，最重要的一点就是时刻都要让自己的声音保持圆润、不疾不徐，让人感觉到你的真诚。这些看起来都是一些小事，但实际上却是叩开人际交往大门的敲门砖。

中国有一个成语叫"理直气壮"，但更多的时候，人们更提倡"理直气柔"，即说话时，语速要不快不慢，节制速度。这往往是成功交谈中最重要的一个步骤。

每个人说话时，声音的音域、音质都有差别，但都能做到动听。太高会变调，太低显得压抑，太快会让人心情急躁，太慢会让人急不可待。只有声音高低适中、快度恰当，才会给人舒服的感觉。在确保对方听清楚的前提下，在你的音域范围之内，声音稍慢和稍低一点，会显得更富有魅力、更悦耳动听。

在公共场合，发自内心的话是最吸引人的。这就是为什么有些话让人听起来感觉舒服，有的却让人觉得别扭。真诚而发自内心的话语也许在内容上不占什么优势，但他们的语气和声调给人感他是"多令人喜爱的一个人啊"。

调整自己说话时的声音速度，让它发出最优美的音符，其实并不一定容易办到。但不疾不徐的声音，让人感觉听其讲话是一种享受。而在谈话时，选择说话的速度却完全依靠人的天赋、个性、场合及他所要表达的情感而定。

比如，当你与多人交谈的时候，则应采用以下的技巧：

前一个人声音很大时，你说话时可以稍压低声音，做到低、小、稳；前一个人音量很小时，你就要提高嗓门，清脆响亮，以引起大家注意。

如果有条件的话，你可自我充当听众，仔细听自己的录音，你可能会吃惊地发现，自己说话时的毛病还真不少。这样经常检查，掌控声音速度的技巧就会不断提高。

第三章
机智巧妙，好口才让你左右逢源

善用自嘲，摆脱窘境

生活中常遇到如下情况：你好心帮助人办事，反被人埋怨办糟了；你去接电话，电话里的无名氏无端羞辱你一顿；别人的自行车撞倒你，对方却破口大骂。面对此情此景，该怎么办呢？成功人士的巧妙做法是自我解嘲，即自嘲。

所谓自嘲，就是自己嘲讽自己，它是一个人心境太平的表现。它能制造宽松和谐的交谈气氛，能使自己活得轻松洒脱，使人感到你的可爱和人情味，从而改变对你的看法。适时适度地"自嘲"会收到妙趣横生、意味深长的效果。

在交谈中，当对方有意无意地触犯了你，把你置于尴尬境地时，借助自嘲摆脱窘境，是一种恰当的选择。生存于关系复杂的社会，与人交往或者沟通的过程中，常常会出现各种各样的困境。虽然因微不足道的小误会或意见分歧而产生摩擦的确是正常的，但倘若能够灵活应变、巧用言语化解岂不更好？不管困境因何原因产生，你都可以凭借舌绽莲花的说话智慧来巧妙摆脱。

20世纪50年代初，美国总统杜鲁门会见十分傲慢的麦克阿瑟将军。会见中，麦克阿瑟拿出烟斗，装上烟丝，把烟斗叼在嘴里，取下火柴。当他准备划燃火柴时，才停下来对杜鲁门说："抽烟，你不会介意吧？"

显然，这不是真心征求意见，在他已经做好抽烟准备的情况下，如果对方说他介意，那就会显得粗鲁和霸道。

这种缺少礼貌的傲慢言行使杜鲁门有些难堪。然而，他看了麦克阿瑟一眼，自嘲道："抽吧。将军，别人喷到我脸上的烟雾，要比喷在任何一个美国人脸上的烟雾都多。"

当令人难堪的事实已经发生，运用自嘲，能使你的自尊心通过自我排解的方式受到保护，并且，还能体现出自嘲者的大度胸怀。

人们在有些时候因某些事不尽如人意而烦恼苦闷，说出去必会惹人笑话，运用自嘲，既可宽慰自己，又能避免别人笑话，可谓一举两得。

自我解嘲术，指以自我嘲弄的形式，自贬自抑，堵住别人的嘴巴，摆脱窘境，从而争取主动的一种舌战谋略。矜持的女性也不妨放下架子适时采用，定能收到奇效。自嘲术的使用，使辩者能轻松、愉快地正视自己的弱点，摆脱困境，增强自信心、自尊心，在论辩中，又可使气氛活跃。

某著名女演员，身体发胖，就经常拿自己的体形开玩笑："我不敢穿上白色游泳衣在海边游泳，我一去，飞过上空的美国空军一定会大为紧张，以为他们发现了古巴。"

一句自嘲，并没有降低自己的品位，大家反而觉得这位胖女士有可爱的性格和豁达的心胸。通过嘲笑自己的长相、缺点、遭遇等，可以使自己轻松地摆脱困境，为自己解围，因此，自嘲在应付尴尬境地中有特殊的表达功能和使用价值。

置身于难堪境地时，如果过分掩饰自己的失态，反而会弄巧成拙，使自己越发尴尬。而以漫不经心，自我解嘲的口吻说几句取悦于人的话，却可以活跃气氛、消除尴尬。

著名电视节目女主持人杨澜，曾经被邀请为某市的一次大型文艺晚会担任主持人。出人意料的是，在演出晚会进行到中途时，杨澜不小心在下台阶时摔倒了。在这种大型场合出现这种情况确实令人尴尬，但杨澜非常沉着地爬了起来，凭着她主持人特有的口才，对台下的观众说："真是马有失蹄，人有失足呀。我刚才的狮子滚绣球的节目滚得还不熟练吧？看来这次演出的台阶不是那么好下啊！但台上的节目会很精彩的，不信，你们瞧他们。"

杨澜这段自我解嘲式的即兴话语非常成功，不但使自己摆脱了尴尬，更显示出了她非凡的口才。以致她话音刚落，会场就立刻爆发出热烈的掌声。

自嘲，是幽默的最高层次，口才好的人以自己为对象来取笑自己，可以消释误会，抹去苦恼，感动别人，并获得自尊自爱。

苏联国家电视台女播音员、国家奖金获得者瓦莲金娜·列昂节耶娃有一次向观众介绍一种摔不破的玻璃杯，几次准备试验都很顺利，真不巧，正式播出时竟摔得粉碎。如果当时她惊慌失措，就必然目瞪口呆。列昂节耶娃不愧是金牌播音员，她非常镇定地灵机一动："看来发明这种玻璃杯的人没考虑我的力气。"幽默的语言，一下子使自己从窘境中摆脱出来。

运用自嘲，委婉拒绝，既表达了自己的意图，又使对方乐于接受。所以当交谈陷入窘境时，逃避嘲笑并非良方。相反，你怒不可遏地反唇相讥会遭到更多的嘲讽，不如来个超脱，自嘲自讽，反而显得豁达和自信。这种超脱使自己摆脱了"狭隘的自尊心理束缚"，又堵住了别人的嘴巴。

卡耐基有句名言："关于沟通，除了词汇之外，最重要的就是'趣味'！"自嘲，更能增添情趣。在一些交际场合，运用自嘲可以增添乐趣，融洽气氛，增进彼此的了解和友谊。

在社交中，难免出现你掌握的信息与对方有出入的情况。当你突然说错了话等，这时候，你原来所准备应付的情况全忘记了，也许你一下子会陷入交际的窘境，不知如何是好。而口才好的人则能借助自我解嘲，化尴尬为融洽。

失言时巧应变

在与人沟通过程中，经常出现的尴尬就是口误了。人在紧张的场合最容易冲口而出而讲错话，经验不足的人碰到这种情况，往往懊恼不已，心慌意乱，越发紧张，接下去的表现更为糟糕。有些年轻人发觉自己讲错话后会沉默或伸伸舌头，这些都不是成熟的表现。但其实，如果补救措施采取得当，你不仅不会尴尬，反而会使自己的话漂亮无比。当然，这需要你的灵活应变能力。

某次婚宴上，大家都争着向新人祝福。一位女士对这对新人说："走过了恋爱的季节，就步入了婚姻的漫漫旅途。感情的世界时常需要润滑，你们现在就好比一对新机器……"其实她本来想说的是"新枝丫"，却说错了，大家愣在那里，这对新人更是把脸拉得老长。那位女士发觉说错了，马上镇静下来，略一思索，不慌不忙地补充一句："已经过了磨合期。"此言一出，大家都拍手称赞。这位女士继而又深情地说道："新郎新娘，祝愿你们永远沐浴在爱的春风里。"大厅里掌声雷动，一对新人早已笑若桃花了。

某女主持人在音乐晚会上讲道："尊敬的各位来宾，下面我们将欣赏到多次获得国际比赛大奖的世界著名作曲家贝托罗先生用小提琴为我们演奏几首美妙的乐曲。"

"可我根本不是什么小提琴家，"贝托罗不好意思的小声对女主持人说"我是钢琴家。"

"女士们、先生们，"主持人连忙又说，"不巧，小提琴家把琴忘在家里了，因此，他决定改为用钢琴弹奏几支钢琴曲。这个机会难得，请大家鼓掌欢迎。"听众席上响起了热烈的掌声。

有一位中年女演员穿着一件黑缎子面料制作的旗袍参加一个舞会，人们都对她赞不绝口。只有一位姑娘说了一句："穿这件旗袍老多了。"刚一出口，便觉失言，马上她从容的补上一句："真的，大街上穿这样的旗袍的老多了，真漂亮。"果然，后面的话使女演员十分高兴。汉语的特点是一个词或字有很多的意思，所以利用这个特点，可以将说错的话形成另外一种解释。这里姑娘聪明机智地把人显得"老多了"的意思偷换成了穿这件旗袍的人有很多，既挽回了败局，又间接称赞了对方很时髦，可谓聪明机智。

巧妙转换话题

与人交谈，有时难免遇到一些自己不愿回答的问题，或一些尴尬的场面，这时就需要转换话题，摆脱不利局面。

转换话题时有两点应引起重视：一是要自然，就是指转换的话题要与原来的话题连得上，说得通。二是要及时，就是在对方话题尚未充分展开之前，就以新的话题取而代之，使对方在不知不觉中离开原来的话题，将注意中心转移到新话题上去。

说话时要就场合的不同而转换话题。

1. 冷场时转换话题

在说话中，或由于时间、环境的原因，或由于内容、方法的原因引不起听众兴趣，会场上出现：困倦、溜号、交头接耳，甚至开小会的不利局面。此时切不可一意孤行地讲下去，而是要根据具体情况，采取应急措施。比如由于时间的原因，听众困倦了，那就讲一个既富有寓意又紧扣主题的、生动有趣的故事，便可以振奋听众精神，引起听众的兴趣和注意。如果听众有些懒散了，精神不集中了，可设置一些悬念，激发听众的兴趣，调动听众的情绪，也可以用提问的办法，如"这是为什么呢？""这个问题得怎么解决呢？"促使听众产生积极的思维活动，引起听众的兴趣，也可以提高声音，突然短暂地停讲或显出十分活跃的神情等，都有助于解决问题。

2. 危急时转换话题

在交谈中出现危急状态时，应立即转换话题。可以根据当时的情景、身边的物品等为话题去转换，但必须做到"巧"。例如，三国时，曹操与刘备饮酒。曹操以手指刘备，后自指，曰："今天下英雄，惟使君与操耳！"刘备闻言，立时一惊，手中所持箸不觉落于地上。时正值大雨将至，雷声大作。刘备乃从容俯首拾箸曰："一震之威，乃至于此。"将闻言失箸之态，轻轻掩饰过了。操遂不疑刘备。刘备在惊慌落箸之后，机敏地巧用天气变化，把谁是英雄的话题岔开，转移了曹操的注意力，才化险为夷。

武则天也有一则故事。

武则天原名武媚娘，本是唐太宗宫里的才人，太宗对她倍加宠幸。公元694年，唐太宗因误服金石丹药，一病不起，他自己明白将不久于人世，但又舍不得才貌过人的武媚娘，于是便有让武媚娘殉葬的意思。这天太宗对武媚娘说："你侍候寡人多年，寡人也最宠爱你。寡人想效法古代帝王的葬礼……"话没说完，太宗又咳嗽起来。聪明绝顶的武媚娘稍加思索，立刻说："万岁，安心养神吧！臣妾明白万岁的心情。只是万岁您思虑太多，万岁是英明君主，恩德好比太阳的光芒普照人间大地。古人云：大德之人，必得长寿。万岁的龙体目前虽有小恙，很快就会康复的，我根本没想到万岁会舍下臣妾。我生与万岁共享人间富贵，死与万岁同坟共穴。臣妾现已下决心，立即去感业寺削发为尼，念经拜佛，为万岁祈祷长生不老。"听到武媚娘这么说，太宗只得应允。

武媚娘凭自己的聪明才智，阻止了从太宗口中说出的"殉葬"二字。金口玉言那是天命，被武媚娘当机立断、伶牙俐齿地巧妙转移了话题。终于，武媚娘得以死里逃生。

3. 受到嘲讽时转换话题

蒲松龄身着布衣应邀去一个有钱人家赴宴。席上，一个穿绸挂缎的矮胖子阴阳怪气地说："久闻蒲先生文才出众，怎么老不见先生金榜题名呢？"

蒲松龄微微一笑说："对功名我已心灰意冷，最近我弃笔从商了。"

另一个绫缎裹身的瘦高个故意装出吃惊的样子说："经商可是挺赚钱的。可蒲先生为何衣着平平，是不是亏了本？"

蒲松龄叹口气说："大人说得不错，我最近跑了趟登州，碰上有人从南洋进来一批象牙，大都是用绫缎包裹，也有用粗布包的，我原认为，绫缎包的总会名贵些吧，就多要了些，只要了少许粗布包的。谁知带回来一看，咳！绫缎包的竟是狗骨头，粗布包的倒是象牙。"

权贵们听后心照不宣，个个默默无言。

根据对方的情绪变化和心理变化，迅速改变自己说话的态度或语调，调整自己的情绪，修正自己的话题内容或另换话题，变换表达方式，对自己的话语重新组织调整，这样就能有效地控制论辩的进程，避免陷于被动局面，变不利因素为有利因素，掌握主动，达到妙"口"回春的效果。

怎样打破僵局

人与人之间本应团结互助，和睦相处，但又常常因人际关系复杂，有时也难免发生口角，出现不和。事情发生后，有的人试图通过交谈消除隔阂，重归于好，但又往往由于话不投机，致使双方越谈越僵，只好不欢而散。因此，如何打破与有隔阂者之间的僵局，也就成了不少人为之挠头的难题。

与有隔阂者谈话时怎样才能打破僵局呢？

1. 抓住时机，有选择地说话

所谓时机，是指双方都能谈得开、说得拢的时候。打铁要看火候，我们找与己有隔阂者谈话也得选准时机。时机把握不好，谈早了对方气没消，双方难得谈到一块；谈迟了对方会加深误解，增加谈话的难度。那么，什么时候与对方谈才算抓住了时机呢？

（1）在对方情绪高涨时说。人的情绪有高潮期，也有低潮期。当人的情绪处于低潮期时，人的思维就呈现出封闭状态，心理状态具有逆反性。这时，即使是最好的朋友赞颂他，他也会不予理睬；而当人的情绪高涨时，其思维和心理状态与处于低潮正好相反，此时，他比以往任何时候都显得宽宏大量，能原谅别人一般性的过错，也不过于计较对方的言辞；同时，待人也比较温和、谦虚，能程度不同地听进对方的一些意见。因此，当与己不和者情绪高涨时，正是我们与其谈话的好机会，切莫坐失良机。

（2）在对方喜事临门时说。所谓喜事临门时，是指当令人高兴、愉快、振奋的事情降临于对方时，如对方在科研上攻克难关，取得重大成果时；工作中成绩突出，受到奖励时；经济上得到收益时；找到称心伴侣、婚嫁或远方的亲友来探望时，等等。常言道："人逢喜事精神爽""精神愉快好办事"。在喜事降临对方时，我们上门找其交谈，对方会不计前嫌，也就乐意接受或欢迎你的到来。可见，与己不和者的喜事临门，为我们消除彼此之间的僵局，提供了强劲的东风。

（3）在对方有和解愿望时说。绝大多数人都具有"羞恶之心"。这种"羞恶之心"体现在与他人发生无原则的纠纷之后，会对自己的行为进行自觉地反省。通过反省察觉到自己的过错之时，一种求和的愿望就会油然而生，并会主动向对方发出一系列试探性的和解信号。这时只要我们能不失时机地友好地找对方谈谈，僵局就会被打破，双方的关系也会重新"热"

起来。因此，我们要善于捕捉对方发出的求和信息。例如，对方主动和我们接近、打招呼，与我们见面时由过去的满脸阴云到"转晴"，或者暗中帮助我们排忧解难，等等。这时，我们就应该及时投桃报李，以更高的姿态、更炽热的感情找其交谈。我们切不可视而不见，见而不说，说而不诚；否则，对方一旦认为求和试探失败，和解的愿望就会顿消，误解将会转化为敌意，将会出现严重对抗的局面。

（4）在第三者有效调解后说。第三者有效的调解，能驱散对方的迷雾，唤起对方的觉悟，促使对方产生求和心理。这等于给双方架起了一座感情的桥梁。此时，只要我们勇敢地走过"桥"去，心平气和地与其促膝谈心，种种误会就能排除，求和心理也将变成和解的现实。

2. 适应特点，有针对性地说

由于人们的年龄、所受教育程度和所处的工作、生活环境等情况不同，因而呈现出各种不同的特点。这就决定了我们与不和者的交谈不仅要善于抓住时机，做到有选择地说，而且还要适应对方的特点，做到有针对性地说。具体说要做到：

（1）针对不同的年龄，选择不同的开场白。老年人最关心身体状况，最希望得到晚辈的尊重。因此，与己不和者如果是位年过半百的长辈，见面后的第一句话应该带有强烈的道歉之意。中年人最重视的是自己事业上的成就。与己不和者如果是属于中年人，见面后首先说的话应该带有对其事业的支持、肯定和赞许之意。与己不和者如果是位血气方刚的年轻人，见面后就应从适应其好学、敢想、爱玩、求信任等特点说起。适应对方的心理特征，满足对方某一方面的需要，在一般情况下，与己不和者也会友好相待，从而消除笼罩在双方之间的紧张空气，使谈话得以深入进行。

（2）针对不同的兴趣，从不同的角度说。兴趣是人对于客观事物所抱的积极的意识倾向，是人的个性中一种带倾向性的特征，它与人的情感联系密切。当人们对某种事物感兴趣时，总感到称心如意，伴随着愉快情感。因此，从与己不和者感兴趣的事情说起，不仅能消除他们的敌意，而且能实现情感交流，出现"酒逢知千杯少"的局面。当然，兴趣爱好，是指积极良好的兴趣爱好，而对那些不良的兴趣爱好，我们绝不能去迎合。

（3）针对不同的气质，从不同的侧面说。人的气质可以分为胆汁质、多血质、黏液质、抑郁质四种类型。这四种气质类型的人，在语言上呈现出各自不同的特点。胆汁质型的人，喜欢直言快语，厌恶啰唆重复，但他们"火气旺"脾气大，易与人顶嘴、吵架。我们与他们谈话时，就应该运用谦和的语气，从启发、自责的方面去说。多血质型的人，能言善辩，说话比较圆滑，当话不投机时，会运用语言工具与对方争论，但过后不久，不快的情绪就会烟消云散。我们与这种气质类型的人谈话，宜单刀直入，开诚布公，以有力的事实和道理进行规劝和说服。黏液质型的人，言辞稳重，语态镇静，不易动气，但比较固执，难以听进不同的意见，当对方话题中涉及自己的问题时，会反复解释。抑郁质型的人，言语温和，语调低沉轻细，但爱计较对方说话的态度，重视对方语言中的用词和语气，如果稍有不慎，就容易使对方产生疑心和忧愁。与己不和者如属于后两种气质类型，与其谈话时，就要运用"迂回战术"，多用婉转、暗示、商讨性地说。

只有针对与己不和者的不同特点去说，僵局才可能打破，使双方的关系出现"柳暗花明"的前景。

打破沉默的艺术

　　社交中的沉默有两种，一种是对社交有益的沉默，一种是对社交有害的沉默。对前一种沉默我们应学会使用和理解，对后一种沉默则应努力避免和打破。虽说没有什么打破沉默的**诀窍**，但是根据人们日常的社交习惯和心理，还是有些常用的方法。

1. 打破自己造成的沉默

　　如果是因自己太清高、架子大，使人敬而远之，从而造成了对方的沉默，则应从完善自己的个性着手，在社交场合中主动些、热情些、随和些。

　　如果是因自己太自负、盛气凌人，使对方反感，从而造成了沉默，则要注意培养谦虚谨慎的品德，多想想自己的短处，在社交场合中适当褒扬对方的长处，并真诚地表示向对方学习。

　　如果是因自己口若悬河，讲起话来漫无边际、无休无止，从而导致了对方的沉默，则要注意自己讲话应适可而止，并主动征求对方的看法和意见，让对方也有机会表达自己的立场和观点。不让人觉得你是在做单方面的"演说"，而应让人觉得彼此在进行双向沟通。让对方产生你很重视他的观点和印象，引起他的交谈欲望，从而使谈话不致陷于沉默之中。

2. 打破对方造成的沉默

如果对方流露出对此话题不感兴趣而不想开口的情况，那就要马上转移话题，选择对方乐于谈论的事情进行交谈，或故意创造机会让对方自己转移话题。

如果对方事先没有准备，对此话题有兴趣但又不知从何谈起，那么应以简明的富有启发性的交谈来开阔对方的视野，活跃对方的思维，从而引起对方的谈兴，消除沉默。

如果对方自我防卫的机制太多，不轻易开口，那么就要努力创造非正式交谈的气氛；鼓励对方无顾忌地坦率交谈，不马上公开反驳对方的观点，对某些合理看法给予赞许，促其进入交谈。

如果对方过于谦让而造成了沉默，则要增强交谈的竞争气氛，用热烈、紧张而有趣的谈话激发沉默者进入交谈。

3. 打破双方关系造成的沉默

如果是因为双方互不了解，不知谈什么得体，那么就应当主动做自我介绍，并使交谈涉及尽可能广泛的领域，从中发现双方的共同话题。

如果因双方过去曾经发生的摩擦或隔阂而造成了沉默，那么就应该高姿态，求大同存小异，或者干脆把过去的隔阂抛在脑后，仿佛什么也没有发生似的，热情地与之攀谈，增强信任和友善的气氛。

4. 打破环境造成的沉默

如果对方觉得这个环境不适合他发表意见，那么可以换个环境，也许他就愿意敞开思想来谈。

如果对方认为环境中的个别因素妨碍了交谈，在可能条件下，可以排除那些干扰因素，使对方能积极地参与交谈。

没有千篇一律的打破沉默的固定模式。交际者要根据具体的时间、地点和对象的心理特点，以及造成沉默的原因采取不同的有效的对策。打破沉默的艺术是社交艺术的重要组成部分，它需要在交际实践中逐步体验和摸索，才能运用自如。

交际中该如何"解释"

对别人的疑问进行解释是常见的沟通手段。它在交际中不是初始，也不是反应，而是第三步行为，是对对方反应的反应。比如，你做了一件什么事或说了一句话，对方对你的语言行为产生疑问，这时就可以对此做出解释。

解释的语言内容是对自己的先前言行的阐述或改正，而形式却是对对方的反应。解释有以下几点作用。

（1）交际中，人们常常会先说出一句违背情理的话，让对方提出疑问后，再进行解释，使双方的对话富有趣味。

（2）在自己犯有某种过错时，常常会进行解释。这种解释大多是撇开自己先前某种言语的结果不谈，而只解释当初的动机，以说明动机是好的，或是无意伤害的，只不过是结果不好，超乎自己的预料。

（3）解释还有答复的作用。当对方对你提到的某种观念、观点疑惑不解时，需要解释，以及对方对你言语行为的含义或动机不甚明了时，也需要解释。

（4）当对方对你的某一行为、语言产生误解时，常常会解释一番以说明真相、消除误会。这时主要不是解释言语本身，而是就自己行为、语言的动机而做解释。

解释在人际交往中十分普遍，对人际关系与交往有很大的功用，解释既有可能取得理想的效果，也有可能产生不良的影响。应该解释时就解释，不该解释时不要乱解释。例如，别人向你提出某个要求，你不想应允，但真实理由又不好明说时，你千万不要找些借口来解释，因为任何假设出来的解释只会遭到对方的反感。

在现实的语言交际中，解释是为了达到某一交际目的。为了达到目的，人们往往使用几种交际行为的互相配合。解释也常常和其他多种行为交织在一起，所以，我们必须处理好解释与其他言语行为的关系。

解释切忌重复，除非是应对方要求。有些人进行解释时怕对方没听懂，于是就再三重复，其实这很令人生厌。我们常常在道歉时不断地重复申明自己不是故意的，并认为只有这样才能表示自己的歉意，其实这种做法很难奏效。

解释时要注意把握语气；解释时自信心要特别强。只有你具有自信，对方才相信你有解疑释难的能力，才会相信你能够澄清真相；否则，解释就无法进行。

要使自己的解释具有自信，要做到三点：首先，吐字要清晰干脆，不能含糊、吞吐；其次，条理要清楚，不能随口道来；最后，尽量少用模棱两可的词语，否则对方就会认为你不懂装懂，是在有意欺骗。解释还应诚恳。在说明真相、赔礼道歉、消除误解时一定要诚恳备至、态度谦恭。如果言语随便、语气轻浮，那么只会使对方误解加深，使事情更加烦乱。

机智的语言应变技巧

我们在社交场合中，特别是处境尴尬时，掌握神奇机智的语言应变技巧，无论是在社会交往还是在商业谈判、发表演说等方面，都具有重要的作用。

《世说新语》中记载了这样一个故事。

一天，魏文帝下旨传钟毓、钟会兄弟二人进宫，由于第一次见皇帝，二人心中不免紧张，钟毓出了一额头的汗。

皇帝见了便笑问老大钟毓：

"你怎么出汗了？"

"战战惶惶，汗出如浆。"钟毓一边擦汗一边回答。

魏文帝又问钟会：

"你怎么没出汗？"

"战战栗栗，汗不敢出。"钟会答道。

两人皆受到了魏文帝赏识。

我们在说话时难免出现语言上的失误，巧释词文可以帮助我们摆脱困境，渡过难关。特别是在说服时，希望对方能愉快地接受自己的主张、意见或看法，赋予某些词语特定的含义，会使对方宽容、容纳自己，以便大事化小，小事化了。

清代大才子纪晓岚才思敏捷，能言善辩，有"铁齿铜牙"

的美誉之称，深得乾隆皇帝喜爱。一年夏天，有一次，乾隆皇帝带着几个随从突然来到军机处。此时的纪晓岚正光着膀子伏案工作。突然门外传来"皇上驾到"的声音，来不及穿衣却又不能衣冠不整见皇上，纪晓岚心想：就这样光着膀子接驾，岂不是冒犯龙颜？情急之中，他钻到桌子底下藏了起来。这一切，早被乾隆看了个真真切切，他心中一阵好笑，有心想"整整"纪晓岚。

乾隆在椅子上坐定，示意其他人都不许出声，很长时间过去了，纪晓岚在桌子底下早就待不住了，心中纳闷：怎么进来之后就没动静了？这么长时间了，听不到皇上说话的声音，该不是已经走了吧。想到这里纪晓岚压低了嗓门，喊道：

"喂，有人吗？老头子走了吗？"

满屋子的人都听到了，大家忍不住都想乐，一听纪晓岚喊"老头子"，心想这一下子可有好戏看了。

不料，乾隆却仍在那里坐着，一听这话，立即板起脸孔喝道："纪晓岚，你给我出来。"

纪晓岚一听是乾隆的声音，心想：完了，完了，这回可完了。只好无可奈何地从桌子下钻出来见驾。趴在地上叩了几个响头，口称"死罪，死罪"。

乾隆一看纪晓岚光着膀子，满身大汗，惊慌失措的样子，心里一阵好笑：纪晓岚人称大清第一才子，居然这般模样。接着故意装作生气的样子，大声喝道：

"大胆的纪晓岚，你不见驾也就罢了，居然还敢说朕是'老头子'，你什么意思？今天你要讲不清楚，要了你的脑袋！"

到了这种境地，纪晓岚反倒镇静了许多，一边擦汗，一边苦思对策。忽然他灵机一动，反正错了，错了就错说呗，不紧不慢地说道："万岁爷请息怒，刚才纪昀之所以称您为'老头子'只是出于对您老人家的尊敬，别无他意。"

乾隆一听更来气了：

"尊敬？好，你给朕说说怎么个尊敬法。"

纪晓岚慢慢说道："先说这'老'字，天下臣民每天皆呼皇上万岁、万岁、万万岁，您说这万岁、万万岁算不算'老'啊？"

乾隆没作声，只是点点头。

纪晓岚见乾隆有所应允，接着说：

"再说这'头'字，家有千口，主事一人，如今皇上便是我大清国的主事之人，是天下万民之首，'首'者'头'也。故此称您为'头'。"

乾隆边听边眯着眼睛笑，很是满意。

"至于这'子'嘛，意义更为明显。皇上您贵为天子，乃紫微星下凡。紫微星，天之子也，因此您为'子'。这便是我称您老人家为'老头子'的原因。"纪晓岚说完轻轻舒了口气。短短一席话，说得乾隆心花怒放，听完拊掌大笑："好一个'老头子'，纪晓岚你果然是个才子。"便赦免了纪晓岚的欺君之罪。

在这里纪晓岚巧妙地运用文字的寓意解释，使皇上已受刺激的心理获得补偿。使皇上龙颜大悦，巧妙地为自己化解了一次险情。

巧释词义侧重调节人的心理变化，它巧妙地利用巧语创造了一个婉转曲折、变幻莫测的新奇意境，时而山重水复，柳暗花明；时而点石成金，化拙成巧。这是巧释词义的功劳。

第四章
如簧之舌不恐惧

你知道自己的谈话能力吗

不能则学，不知则问。

社交活动最重要的工具是语言，只有很好地运用语言，社交活动才能顺利地进行。运用语言的能力愈高，社交活动的效果也就愈好。语言可分为书面语言和口头语言，那么，运用语言的能力也就有口才和文才之别。由于我国历来有重书面语、轻口语；重文才、轻口才的偏见，很多人没有想到要锻炼口才，免得被斥为"油腔滑调""摇唇鼓舌"，而不能委以重任。

许多人不会讲话。有的师范学院的毕业生，专业课考试成绩大多良好，但参加实习的第一节课试教，面对教室课桌老是抬不起头，辛辛苦苦备好的一节课，不到半小时就讲完、没词了，使自己陷于尴尬的窘境之中。

有的人说话不得体。有个傻姑娘的大姐结婚，母亲对傻姑娘说："今天喜日，要说吉利话。"她答应说："出嫁又不是出殡，还能不说吉利话。"然后她一声不吭地坐着，母亲暗暗庆幸，她却在散席时讲："我今天没有半句不吉利的话，以后大姐生儿子不顺利，不要来怪我！"当然，这是极个别的人。不过在日常生活中，说话不得体的大有人在，如有人在厕所门口相遇，也招呼"你吃过了"，岂不叫人难堪。

更应一提的是，有的人说话不礼貌。穿衣穿"正宗"的，追求外表美，却偏偏不知语言美，他们满口脏话，甚至强词夺理。语言是思想的外衣，早该"打扮打扮"自己的思想了。

当然，不善言辞的人，既要承认事实，又不能自暴自弃，要知道随时随地都有机会做谈话的练习。练习的机会多，改进的机会也多，而且练习谈话的效果，也就显而易见了。

我们一般人，都不能算是很善于谈话的人，但也不能被列为对于谈话这件事一窍不通。逢人就像哑巴一样不会谈话的人毕竟很少。大多数人都多多少少懂得一点谈话的方法，不过都缺乏用科学方法去研究。

假使你有决心把谈话的能力提高的话，请回想一下自己在日常生活中谈话的经验，然后针对下面的几个问题检查一下，你就可明白你的谈话能力如何了。

（1）是不是在熟识的人面前，就有很多话可说，而在陌生人或许多人面前，就觉得无话可说，或一句话也说不出来？

（2）是不是常常无意中说了些犯了别人禁忌的话？当发觉自己的话使别人反感时，又不知如何是好。

（3）跟别人谈话时，自己的态度有没有错误？能不能根据对方的态度来调整自己的态度。

（4）是不是自己东一句西一句地说得没有条理，言之无物？是不是很难找到大家都有兴趣的题材？

（5）自己是不是经常和别人发生争执？常常被人说"固执"呢？

（6）是不是能够很自然地改变谈话题材？是不是能引起别人的发言？

（7）能不能把自己所要谈的问题，用各种不同的方式来谈，以适应每一个不同的对象？

（8）是不是在遇见别人不同意自己的意见时，只会再三地重复自己已经说过的话，而不知该在何处结束谈话？

（9）说话的声调是不是悦耳？口齿是不是清楚？

（10）有没有常用一些不文雅的俗话？

以上十个问题虽然未包罗谈话能力的所有方面，但经对照，为数不少的人肯定不可能做得十全十美，必须弄清楚自己究竟在哪一方面发生困难，并研究改善。

一个人只有在有具体的问题迫切需要解决的时候看书，才最容易收到效果。假使真有心克服不善说话的困难，就用个本子，逐项地记下你认为要改善的每一个问题，并且把已有的经验也记录下来。例如，你要记下来究竟在什么人的面前，你感觉到无话可说？是领导、同事或是陌生人，是什么原因呢？你要自己先想一想。你还要至少用一个星期的时间，每天留心地默记下你这一天跟别人谈话时的情形。到一个星期的结尾，你再在那个本子上，去冷静地分析你应该最先要改进哪一点。然后一面看书，一面研究你自己的情况，另一面又把你自己的经验所得，记在本子上。任何一个人若能这样实行，在三个月之内就可以获得一定的进步。你可以改善口气和态度，说话更有条理，不再会让人讨厌，自然也就知道避免和人"抬杠"了。

发现了自己口才的不足之处，就应加强锻炼，予以提高。锻炼口才的途径是多种多样的，从总体来说要加强知识积累，提高文化素养；加强自我训练，克服畏惧心理；语言力求简洁扼要，富有逻辑性。当然，似上几个方面都离不开在社会交往中的实践，加强训练才能达到提高。

消除畏惧与怯场心理

应该相信，自己是生活的战胜者。

爱尔兰现代杰出的现实主义戏剧家萧伯纳以幽默的演讲才能著称于世。可很少人知道，他20岁初到伦敦时，却羞于见人，胆子非常小。若有人请他去做客，他总是先在人家门前忐忑不安地徘徊多时，而不敢直接去按门铃。有一次，一位朋友邀他参加学术者学会的辩论会。在会上他怀着一颗非常紧张的心站起来，做了有生以来的第一次演讲，当他讲完时，受到别人的讥笑，他觉得自己充当了一个十足的傻瓜，蒙受了莫大的耻辱。此后，他每星期都当众演说，人们在市场、教堂、学校、公园、码头……在挤满三四千听众的大厅或只有寥寥几人的地下室，都经常看到他慷慨陈词的身影。有人曾做过统计，在12年中，他的演讲竟达1000多次。

正像萧伯纳参加学术者学会的辩论会演讲一样，畏惧、怯场是初次登台者的普遍心理。甚至许多大演说家的第一次讲演也并不是那样尽如人意，甚至还出现十分难堪困惑的场面。国际工人运动杰出的女活动家蔡特金第一次演讲时，虽然早就做过细致准备，可一上台，"要讲的话一下子从脑子里全溜掉了，大脑出现了空白"。英迪拉·甘地夫人初次登台时，吓得连一点声音也发不出来，讲了点什么自己也不清楚，只听一个听众在说："她不是在讲话，而是在尖叫。"她在一场哄堂大笑之中结束了讲话。美国著名作家马克·吐温谈起他首次在公开场合演说时说，那时仿佛嘴里塞满了棉花，脉搏快得像争夺赛跑银杯。英国政治家路易·乔治说，第一次试着做公开演说时，舌头抵在嘴的上膛，竟不能说出一个字。美国前总统福特初入政坛时，讲话结结巴巴，人们听起来很不舒服，有人戏称他为"哑巴运动员"。我国优秀的德育工作者李燕杰初次发言时，"怀里好像揣着一头小鹿，一颗心总是突突地跳个不止，脸上发热，嘴里不知该说什么，两手也不知所措"。在美国有人曾以"你最怕什么"为题询问了3000人，调查人们究竟最怕什么，结论的第一点就是：人最怕的是在众人面前讲话。英国历史上有位叫狄斯瑞的首相就曾说过，他宁愿领一队骑兵去冲锋陷阵，也不愿做一次演讲，然而上述这些演说家们正是战胜了失败之后方成为雄辩之才的。

在西方曾流传一句格言："诗人是先天的，演说家是后天的。"培养演讲者胆量的唯一方法就是勤讲勤练。勤练可以单独练，对着镜子练，对着实物练，也可请人教练，要抓住一切时机练。在讨论会上，争取发言；可以到正式场合去讲，也可以到非正式的场合去讲；既对熟悉的人讲，也对陌生人讲；既到"大朋友"中去讲，也到"小朋友"中去讲。工夫不负有心人，长此以往，必将锻炼出胆量来，使自己的讲话条理分明，口齿清楚，富于表情，以至于产生扣人心弦，震撼胆魄的强烈效果。

公元前雅典有位名叫德摩斯梯尼的演说家，青年时曾参加一次辩论大会，尽管事先做了充分的准备，可一上台就慌了手脚，一慌又口吃起来，只好灰溜溜地离开会场。后来他跟一位演员练嗓子，培养大声朗读的习惯，在登山或海滨散步时也力求使自己的声音盖过狂风浪涛。

经过后天的不断锤炼，具有雄辩之才，成为著名演讲家的比比皆是。德谟斯蒂尼斯为矫正口吃，就口含鹅卵石练演说。为了防止别人引诱他走出房门，竟把自己的头发剃去一半，弄成半阴半阳的"鸳鸯头"，这种丑相将他束缚在书房里，潜心苦练口才。英国的谢罗德演讲之初，常受到他人讥讽，但他却不灰心，每天苦练不辍，终于成了口齿伶俐、心机灵敏的著名演讲家。美国政治家林肯，年轻时常常徒步30英里，到法院听律师的辩护，他还把树桩、玉米林当作听众，练习演讲。出任总统后，他为了做好那个只有600多字的著名的格提斯堡烈士安葬演说，经过了15天的精心准备。我国革命家萧楚女在当教师时，每天天刚亮就跑到学校后山的一个僻静之处，对着镜子，观察自己讲演的表情、动作。革命家、外交家陈毅的好口才也不是天生就有的，早年留学法国时，为练好口才，他常常口含茶水练习，借助发音时水在口中的冲动，加强舌头的弹性，使它灵活起来。他平时广泛涉猎古今中外的政、经、史、哲和文艺作品，故学识渊博，语言丰富，随手拈来皆成妙句。

英国喜剧电影大师卓别林在第一次世界大战的1918年，邀请几位电影明星去华盛顿做美国第三次自由公债募购运动的动员。在这以前，卓别林还未曾在大庭广众中做过演讲，心里有些忐忑不安。于是，他们确定：在好莱坞到华盛顿途中，对在车站欢迎他们的群众做一次试讲。可是，当轮到卓别林讲话时，火车开动了。列车离开人群越来越远，人影变得愈来愈小。这倒增强了这位喜剧艺术家的信心。

正式演说安排在华盛顿的某个足球场，场内用一些粗制木板搭了个讲台。卓别林学着别人的姿势跳上讲台，面对着人山人海，不停地说："德国人已经到了你们的大门口！我们必须拦住他们！只要你们买自由公债，我们就能够阻挡他们！记住了，每买一份公债，你就救活了一个士兵——一位母亲的儿子！我们就可以早日打胜这一仗！"演说很有鼓动性，可由于他是初次登台演讲，说得过快又兴奋，一不留心，从台上滑了下来。他一把抓住站在旁边的一位女影星，结果，他俩一起栽倒在一位身材高大、年轻英俊的海军军官的头上。而此人就是后来当选为美国第32任总统的富兰克林·德兰诺·罗斯福。

在上海读书演讲比赛中荣获一等奖的女青年裘琪芳，初次登台演讲时，脸上毫无表情，简直像一个中学生背书。后来，她发誓苦练演讲术，多少个日日夜夜，她对着稿子背，朝镜子演，抱着录音机练，请参加业务话剧团的哥哥听，邀同学、师长们教，直讲得喉咙哑了，直讲得旁边的人也能将这文章记得滚瓜烂熟，她仍旧不知疲倦、永不满足地练习。她极有体会地说："中国女排的幸运，存在于她们成吨的汗水之中；数学天才的幸运，存在于他几十麻袋的手稿之中；著名作家的幸运，存在于他成千上万个不眠之夜之中。""冰冻三尺，非一日之寒"，她终于也成了幸运儿——在成百上千个演讲者中力挫群雄，独占鳌头。古今中外的演讲大师正是这样严格要求自己，勤学不辍，终于掌握了高超的演讲艺术。

朋友们，不要只羡慕那些成功和成绩显著的演说家的口才，更值得交口称赞的是他们那坚持不懈的意志。你想练就妙舌如簧的口才吗？你想成为受人欢迎的演说家吗？千里之行始于足下，一步一个脚印地磨炼你的口才吧！

让你的语言更富有魅力

作为一种感人的力量，语言的真正的美，产生于言辞的准确、明晰和动听……

锤炼语言是口才家的基本功训练。

如果说演说、讲话是一架大机器，语言、词汇就是组成机器的零部件。语言的训练虽然是一种技巧的训练，但着眼点不能完全放在技巧上，必须和思想认识、文化责任的提高紧紧地结合在一起。苍白、贫乏的语言与浅薄、丑陋的思想，是相依为命的难兄难弟，鲁迅先生曾说过："如果内容的充实，不与技巧并进，是很容易陷入徒然玩弄技巧的深坑里去的。"

当然，深邃的思想应当穿上如珠玑一样闪光的外衣，因此要在积贮语言上下功夫。著名剧作家曹禺说过，哪一天我们对语言着了魔，那才算是进了大门，以后才有可能登堂入室，成为语言方面的富翁。要像酿蜜的蜜蜂那样，终日在生活的百花园里采撷；要像淘金的老汉那样，在如恒河沙般的沙砾中发掘出真金。中国历代的丰富语言宝库，五洲四海的优秀语言财富，鲜明生动的民间语言，精心雕琢的书面语汇，都是我们应开掘的"富矿"。

首先，可直接从生活中向人民群众学习语言。生活是语言最丰富的源泉，要使自己的生活丰富。一个闭目塞听，与客观世界毫无接触的人是无所谓知识的。对于学习语言也一样，没有生活就没有语言。老舍说："从生活中找语言，语言就有了根。"

学习语言要"博采口语"。俄国伟大的批判现实主义作家托尔斯泰称赞农民是一班语言的"大家"。语言的"天才"，的确存在于人民群众之中。比如我们讲话常用程度副词"很"字，如："很黑""很快""很香""很硬"……在人民群众的口语中，却有更精确、更形象、更简练的表述法："漆黑""飞快""笔直""喷香""梆硬"，等等，丰富多彩，活泼动人。

学习语言还要多看，即勤于观察、体验，真正熟悉你所描写的对象，理解事物的声调、色彩等，而不是生搬硬套现成的词语。阿·托尔斯泰修订《彼得大帝》时，为了用恰当的语言描绘罗斯托夫大钟楼上7吨多重的大钟和彼得大帝乘坐过的橡木大船，曾特地爬上大钟楼，亲自撞了撞那口大钟；在一个漆黑的夜晚，去列斯拉夫湖边，亲自摸了摸那条旧船。这里虽然是如何运用书面语言，口头语言的表达也是同理的。

其次，要多读中外名著。"熟读唐诗三百首，不会写诗自会吟"的经验之谈，是大家所熟悉的，它告诉人们要学习口头语言，提高口才技巧，就应多读名著。"穷书万卷常暗诵"，涵咏其中，心领神会，产生强烈的兴味；摸熟语言的精微之处，唤起灵敏的感觉；熟悉名篇佳作精彩妙笔，获得丰富的词汇，自己演说和讲话时，优美的语言会不召自来，这件事并不是办不到的。只要潜心苦读，持之以恒，勤记善想，揣摩寻味，尝到醇香厚味，反复地看，不断地用，久而久之就可以像郭沫若所说的"于无法之中求有法，有法之后求其化"了。

再次，知识贫乏是造成语言贫乏，特别是词汇贫乏的一个重要原因。如果《水浒》作者不懂得江湖勾当，不知开茶坊的拉线、收小、说风情、做马泊六及趁火打劫的种种口诀，他就不可能绘声绘色地写出那个成了精的虔婆王干娘；如果《红楼梦》作者曹雪芹没有相应的词汇来描写贾府上上下下的规矩，内内外外的礼教，王熙凤的泼辣、干练、狠毒的性格肯定会受到损害。这些例子生动地说明，掌握丰富的知识和学习语言是紧密地结合在一起的。

"功夫在'讲'外"。优秀演讲者张健为了准备好演讲稿，曾先后翻阅上百册书，千万余字，摘录7万多字的资料。为熟记地名、人物，他在家里挂上地图面壁演讲，他的爱人便是第一位忠实的听众。功夫不负有心人，在不长的时间里，讲稿中的133个地名，94个历史人物，79个年代，131个数据，他都能准确无误地脱口而出。他为使演讲有吸引力和感染力，平时认真学习群众语言，还研究评书演员刘兰芳评书的技巧，探讨艺术家们的演讲艺术等，终于使自己的演讲技能不断地提高。

不过，归根结底，学习口才最重要的一环还是多用多练。日本首相田中角荣少年时代患有口吃的毛病，为克服缺陷，他常常朗诵，慢读书文，为了发音准确，就对着镜子纠正嘴形和舌根部位。一个大雨滂沱的日子，在日本的一处会场，台上的田中角荣慷慨激昂地发表政治演讲，而台下则因雨天及种种原因，只到了3个听众：老太太和她的儿媳、孙子。田中角荣面对这么少的听众，一点也没有泄气，而是把3位大小听众当作300、3000乃至30000人的集会，郑重其事，全神贯注地讲述着，他滔滔不绝的话语，洪亮的声调，流利的口齿，诚挚的情感，深入浅出的道理，使老、中、少三位听众为之动情。田中角荣就是这样不放过一切机会锻炼自己的口才，终于成了一位语惊四座的演说家。

出色的演讲，应该具有强烈的吸引力和感染力。赞扬同时，掌声四起；振奋时，挥臂高呼；喜庆处，笑声不断；悲楚处，潸然泪下。这样的讲话的确具有"磁性"。列宁的演讲就以其"磁性"激起听众的共鸣。形象的话语，独特的事例，好像是烧菜时用的味精、葱、姜这类的佐料，讲话、演说少了"佐料"不行。如何妙用"佐料"呢？

寓理于事，寓情于事。孙中山曾在一次讲演中讲了一个真实的故事。某日，南洋一个财产超过千万的华侨富翁，到好友处做客，晚间因未带夜间通行证和夜灯，无法返回。因为当时法令规定，华人夜出如无通行证和夜灯，为荷兰巡捕查获，轻则罚款，重则坐牢。出于无奈，他只得花一元钱请一个日本妓女陪伴自己回家。因为，荷兰巡捕不会过问日本妓女的客人。孙中山讲述这一振聋发聩的故事后，说："日本妓女很穷，但她的祖国强盛，所以她的地位高，行动也就自由。这个中国人虽然很富，但他的祖国却不强盛，所以地位不如日本的一个娼妓。如果国家灭亡了，我们到处都要受气，子子孙孙都要受气啊！"这一事例，有很大的穿透力，激起了听众的爱国热情。

巧用比喻，绘声绘色。鲁迅在演讲中，将新思潮和旧思想喻为"新马褂"和"旧马褂"，用"绿豆芽"比作不根植于民众土壤里的"天才"，皆将事物描摹得会形、传神、致理，可谓活灵活现。周恩来总理在一篇报告中，把束缚人们思想的错误做法比喻为"套框子""抓辫子""戴帽子""打棍子""挖根子"的"五子登科"，喻巧而理至，将"左"倾错误描述得十分形象。在被誉为"中国第一大演说家"的马相伯的讲演中，形象化的比喻俯拾皆是。在日寇侵犯中国时，他在第三次国难演说中说："诸位，醒一醒，枕头旁边放了火药，我们能睡么？房子里有了小贼，我们能睡么？"将日本鬼子喻为枕边的火药、室内的蟊贼，生动展示了当时的形势之危，蕴含着抗日救国的紧迫感。林肯在废奴演说中讲到，那些容忍奴隶制存在的国家好比"一幢裂开了的房子是站立不住的"，这一妙喻立即风靡全国。

另外，幽默风趣的话语，也能给人以喜悦的满足感。让更具魅力的语言进入你的社交吧，定能使听者为之所动，从而获得最佳的效果。

简洁精练，通俗易懂

真正的艺术永远是十分朴素的、明白如画的，几乎可以用手触摸到似。

在社交中，要想收到良好的效果，社交的语言要简洁、精练，使听者在较短的时间里获取较多有用的信息。反之空话连篇，言之无物，必然误人时光；语言还要力求通俗、易懂，如果不顾听者的接受能力，用文绉绉、艰涩难懂的语言，往往既不亲切，又使对方难以接受，结果事与愿违。

当前，人民群众对某些领导部门开长会的不良作风很有看法，还送给一个雅号为"马拉松会议"。开会前议题不明确，开会时中心不突出，议论问题不着边际，海阔天空，仿佛不长篇大论就显示不了他的水平似的。这样的会议效果极差，此风不可长。

"言不在多，达意则灵。"要语不烦，字字珠玑，简练有力，能使人不减兴味；冗词赘语，语言唠叨，不得要领，必令人生厌。不少演讲大师惜语如金，言简意赅，留下珍贵的篇章，成为"善辩者寡言"的典型。

最短的总统就职演说，首推是1798年华盛顿的演说，仅135个字。

林肯著名的葛提斯堡演说只有十个句子。他的演讲重点突出，一气呵成。

罗斯福的就职演说仅有985个字。

1984年7月17日，37岁的法国新总理洛朗·法比尤斯发表的演说，更是短得出奇，演讲词只有两句："新政府的任务是国家现代化，团结法国人民。为此要求大家保持平静和表现出决心。谢谢大家。"措辞委婉，内容精辟。

上述这些演讲大师们驾驭语言的功力都是非凡的。林肯的演讲词仅600余字，从上台到下台不到3分钟，却赢得了15000名听众经久不息的掌声，并轰动了全国。当时报纸评论说："这篇短小精悍的演说是无价之宝，感情深厚，思想集中，措辞精练，字字句句都很朴实、优雅，行文完美无疵，完全出乎人们的意料。"因此，其手稿被收藏于国会图书馆，演讲词被铸成金文，放在牛津大学，作为英语演讲的最高典范。

语言除应简洁、精练外，还应通俗易懂，否则很可能达不到效果，甚至闹成笑话。一天晚上，某书生被蝎子蜇了，他摇头晃脑喊道："贤妻，迅燃银灯，尔夫为毒虫所袭！"连说几遍，他妻子怎么也听不明白。疼痛难忍的书生气急之下只得叫道："老婆子，快点灯，蝎子咬着我啦！"这一则笑话是讽喻那些谈话文绉绉、酸溜溜的人。

一天，某农村中学一教师去家访，正碰上该学生家宾客盈门，他见自己来得不是时候，便连连向家长道歉："请恕冒昧！请恕冒昧！"学生家长顿时怔住了，次日，专程到学校找校长评理："昨天我妹妹大喜日子，你校某老师不知羞辱地对我说：'请许胞妹。'要我把妹妹许配给他。我看他是'花疯'。"校长知道这位教师作风正派，工作负责，觉得奇怪，便立即找他核实并向家长做了解释。家长自责文化水平低，真糊涂。这位老师既羞且恼，哭笑不得，这场风波就是因为他语言不通俗酿成的。

口头语言通过耳朵传入大脑。因为词有同音异义，一音多义，如用晦涩难懂的话，势必影响听的效果。而且听众文化素养有很大差别，应该"就低不就高"。所以对广大群众讲话，更应该明白晓畅，通俗易懂。对农民用"请恕冒昧"之类的话就未免过于"高雅"了。口头语言与书面语言有较大的差异，有的人在讲话中没有使用书面语，但不是口语化，也使人听了很不是滋味。比如有一个青年在演讲中描述他听到母亲被迫害致死时的心情说："我的心海荡起悲哀的浪潮，两只眼睛犹如双泉，盈满晶莹的、清澈见底的泪水，最后我的两行泪水像断线的珍珠纷纷落下。"台上演讲者痛哭失声，台下却发出一阵笑声，这样的讲演自然是不成功的。其失败原因在于他不讲究语言的实际效果，而一味追求形式上的华美。因为，不口语化、通俗化，而文学味太浓，遣词造句过于华丽和艰涩，必然会令人笑话。

社交语言需要用讲话和听者双方都习惯、共同感兴趣的"大白话"来表达，这样才容易沟通感情，交流思想。若追求华丽新奇，过分雕琢，听者就会认为这是在炫耀文采，从而对你的讲话一只耳朵进，一只耳朵出。所以，使用语言正像鲁迅说的："有真意、去粉饰、少做作、勿卖弄。"否则，话说得再漂亮也不会有什么力量。

另外，由于日月更替，时代变迁，人们的语言习惯也有了很大的改变。古代的不少词汇已逐步淘汰，弃之不用。如形容人的面貌"面如冠玉""樱唇一点"等，如今不会有人再用了。皇帝自称"朕""寡人"，称他人为"爱卿"，逐有"令尊""令堂""令爱""公子""相公""官人""娘子"之类的称谓，现在如再用，就有不合时宜之嫌。用文言文对白的时代早已过去。现在，出口文言，就会被人看作是卖弄学问，故显高雅了。同时，我国幅员广大，方言众多，为'使谈话易懂晓畅、交流方便，还应改变乡音，推广普通话。

苏东坡对语言的使用有颇为精妙的见解："凡文字，少小时须令气象峥嵘，彩色绚烂；渐老渐熟，乃造平淡；其实不是平淡，乃绚丽之极也。"我们应当把追求语言的简洁精练、通俗易懂作为学会讲话的基本功，不断地加强训练和学习。

礼貌语与谦辞的巧用

生活里最重要的是有礼貌，它比最高的智慧，比一切学识都重要。

俗话说："一句话能把人说跳，一句话也能把人说笑。"语言是思想的衣裳，它可以表现出一个人的高雅粗俗。如果你要接通情感的热流，使社交畅通无阻，就应得体的动用礼貌谦辞。

很早以前，有位士兵骑马赶路，至黄昏时还找不到客栈，倏地见前面来了位老农，便高喊："喂，老头儿，离客栈还有多远？"老人回答："五里！"士兵策马飞奔十多里，仍不见人烟。"五里、五里"，他猛地醒悟过来，"五里"不是"无礼"的谐音吗？于是他调转马头赶回来亲热地叫了一声："老大爷。"话没说完，老农说："你已经错过客栈，如不嫌弃，可到我家一住。"

交际中谈话如能用礼貌语言，就会让人感到"良言一句三冬暖"，使人与人之间的感情很快地融洽起来。如您好，谢谢，请，对不起，别客气，再见，请多关照等等。

在我国，同人打招呼常习惯问："你吃饭了吗？你到哪里去？"似乎太单调，也有点不雅致，在这方面，我们应做引进的工作，丰富自己的礼貌语言。如见面时称道"早安""午安""晚安""你夫人（丈夫）好吗""请代问全家好"等。语言务必要温和亲切，音量适中。若粗声高嗓，或奶声奶气，别人就难有好感。动用礼貌语，还要注意仪表神态的美，当你向别人询问时，态度尤其要谦恭，挺胸迭肚，直呼其名，或用鄙称，必遭人冷眼，吃"闭门羹"。

在交往中得体地使用礼貌语言和谦辞，可以给对方留下良好的印象。这里介绍12种用法。

（1）与好久不见面的人见面说"久违"；

（2）与不相识的人初次见面说"久仰"；

（3）有了过失求人原谅说"请包涵"；

（4）请人帮说"劳驾"；

（5）有事找别人商量说"打扰"；

（6）请人勿远送说"请留步"；

（7）请人指点行为说"有不对的地方请指教"；

（8）不能陪客人说"失陪"；

（9）送还物品叫"奉还"；

（10）陪同朋友叫"奉陪"；

（11）影响别人工作和休息说"打搅了"；

（12）当别人表示谢意时用"别客气"。

另外，在谈话中不应用命令式的词语。如苏联教育家、革命家加里宁说的"只知道说.'应当这样'，'我们应当'，'我们必须'，那么这种讲演人的话听着都不舒服"。在公共场合中谈话，高声辩驳，纠缠不清，或出言不逊，恶语伤人是社交大忌。有的人总是喜欢大谈自己如何如何，叫人难以接受。意大利音乐家威尔第50岁时，会见了一个18岁的青年作曲者，这个年轻人喋喋不休地谈论自己和自己的乐曲。威尔第专心地听完他的谈话，说："当我18岁时，我认为自己是伟大的作曲家，也总是谈'我'；当我25岁时，我就谈'我和莫扎特'；当我40岁时，我已经谈'莫扎特和我'了。"这件事使人感到这个青年作曲家缺乏修养，过于浅薄。这一席话，也发人深省，它启示我们：一个人要少谈自我，贵有自知之明，不要目中无人。

人与人交往，称呼是必不可少的。人们对于称呼恰当与否，总是特别敏感。是初交，往往会决定交际的成败，称呼不当会发生情感上的障碍。现代的称呼名目复杂，一个适宜得体的称呼，常会产生微妙的作用。

随着进入WTO，我们与外宾、港台同胞的交往日益增多，称"先生""女士""太太""夫人""小姐"的场合也越来越多了，对每个人的称呼要仔细斟酌。

尊称易使双方感情融洽。对上辈、长者，尊称为"老爷爷""老奶奶""大叔""大娘""您老"等；对上级尊称为厂长、校长、科长、经理等；对学者、知识分子，可称职称，如某教授、某工（程师）、某总等。对下，也应选择妥帖的称呼，可亲切地称小王、小李、刘秘书、老吴、张大夫等。有时可亲昵地称其名字。对各行各业的人，也应尊敬地称呼为好，如理发员同志、美容师同志、售票员同志等，若鄙称为剃头的、烧饭的、卖票的等等就太不尊重他人人格了。

使用称呼语要注意礼貌。生活中常有一些人，对年龄大的人直呼其名，称名道姓，听到这样的称呼，人家总觉得不是滋味。遇人喊"喂""哎"，没头没脑的，也定会叫人讨厌。称呼有尊称和鄙称，如上述那个问路的小伙子叫老农为"老头儿"，别人自然没好气地回答，或干脆缄口不答，故意回避。

俄国杰出的哲学家、作家赫尔岑把礼貌说成是生活中最重要的，虽然这话是有偏颇的，但礼貌语言作为人所必须具备的基本美德之一，它的作用与力量是应予以高度重视的。

社交语言的忌讳

礼仪的目的与作用本在使得本来的顽梗变柔顺，使人们的气质变温和，使他敬重别人，和别人合得来。

清朝雍正时，江西主考官查嗣庭出试题为"维民所止"，"维止"二字被认为是把"雍正"的头去掉，因而被下狱。查在狱中病死，被戮尸，家人也被杀或流放。

在封建社会，汉字里避讳字很多，特别是帝王的名字要避讳，康熙、雍正帝用兴文字狱来镇压具有反动思想的知识分子的案件，就有七八十起。秦始皇姓嬴名政，因此就把其他的"政"和同音的"正"改读平声，如"正月"的"正"就得读为"征"。雉是一种羽毛漂亮的鸟，但西汉的吕后名"雉"，于是，是鸟的雉便改名叫"野鸡"，鸟的名也不能同皇后的名字相同。在封建社会里，不仅帝王的名字有严格的避讳，儿子与父亲的名字也不能有一字相同，甚至连写文章也很忌讳。司马迁的父亲名谈，在他所著的我国第一部纪传体通史《史记》中，就通篇找不到一个"谈"字。唐朝著名诗人李贺，才华横溢，就因为他父亲名晋肃，而"晋"与"进"同音，竟禁止李贺考进士。大文人韩愈为此很抱不平，特地写了一篇有名的《讳辩》，但李贺终于还是未能参加应考，最后郁郁早逝。可见，古代名字里的这种避讳，带有浓烈的封建专制色彩，有的甚至是残酷和反动的。

消除称呼、名字等避讳中的封建糟粕，无疑是十分必要的。但有些流传至今，仍为人们习惯心理所忌讳的称呼或风俗，虽然还带有某种封建色彩，可为了礼貌和尊重他人起见，也是应该注意的。这种现象，只有随着文化的发展，科学的普及和社会的进步，而让它逐步改变、自行消亡。比如我们坐渔民的船，船家就特别忌讳说"陈"呀"帆"的，因为这与"沉"和"翻"的字同音。又比如我们称呼未婚少女习惯叫"姑娘"，如果是在湖南常德地区喊少女为姑娘就会被认为是调戏妇女，因为那里的"姑娘"是"妻子"的谦称。天津的老者称年轻姑娘为大姐，而姑娘却心安理得，你一定会感到惊奇，心中会鄙夷那姑娘，埋怨那老者。假如有人认为这种忌讳是落后的、不文明的，非要硬行去改变它，恐怕不会有什么好效果。

我国是一个有悠久历史的大国，礼仪多，"忌讳"也多。如果不加以注意，不避忌讳，即使不是故意说的，也容易使人伤感，影响到社交的效果。

由于种种原因，有些词和词语是不能或不便说出来的，就需要一个同义或近义词去代替。人们把"拉屎"说成"大便""大解""上厕所"，这样就雅一些。妇女怀孕不好意思说出口，用一个别致的词语叫"有喜了"。这样，既避免了粗鄙俗气，又不失教养，显得彬彬有礼。

在使用语言进行交际时，有些情况下的语言避讳不可不注意。比如朋友中间有一个"秃顶"，就不能对着人家老说什么"秃头"或"光头"的。如果家里来客人，体型又矮又胖，就不能说"矮子""胖子"，否则会挫伤人家的自尊心。言谈中，淫词秽语、不健康的口头禅更应禁忌。见到青年女子，一般不应问对方年龄、婚否。径直询问别人的履历、工资收入、家庭财产等私生活方面的问题易使人反感。切莫对心情惆怅的人说得意话、得意事。若对方曾犯过错误或有某种缺陷，言谈时要避免刺激性的话语。对别人不愿回答的问题不要追问，不要刨根问底，如果一旦触及，应立即表示歉意，巧妙转移话题。

人类在进步，社会在发展，但不可能也不会"消亡"所有的忌讳。"忌讳"反映在待人接物上，也可以说它是"礼仪"的补充。在社交中，注意语言的忌讳，是敬重别人和有修养的表现，同时也会提高社交的成功率。

送礼时要讲究语言的表达

送礼时要讲究语言的表达，平和友善、落落大方的动作伴着得体的语言表达，才能使受礼方乐于接受礼物。那种做贼似地悄悄将礼品置于桌下或房间的某个角落，不仅达不到馈赠的目的，甚至会适得其反。

在呈上礼物时，送礼者一般应站着，双手把礼品递到主人手中，并说上一句得体的话。

送礼时的寒暄一般应与送礼的目的吻合，如送生日礼物时，说一句"祝您生日快乐"，送结婚礼物时说一句"祝两位百年好合"等，拜年送礼时可说一句"新年发"。

得体的寒暄既可表达送礼者的心意，又能让受礼者受之心安。

西方人在送礼时，喜欢向受礼者介绍礼品的独特意义及价值，以表示自己对对方的重视。与西方不同的是，谦虚是中国人的传统美德，中国人在送礼时，也常常有自谦的习惯。

一般而言，送礼时运用谦和得体的语言，会营造一种祥和的气氛，无形中增加相互间的友谊。但过分的谦虚最好避免，如"薄礼""微薄"、"不成敬意"或"很对不起"等，这可能会引起对方的轻视。

当然，如果在赠送时以一种近乎骄傲的口吻说："这可是很贵重的东西！"也不合适。在对所赠送的礼品进行介绍时，应该强调自己对受赠一方所怀有的好感与情义，而不是强调礼品的实际价值。否则，就落入了重礼轻义的地步，甚至会让对方觉得你是在炫耀，这样，好端端的情意礼品，反被你的一番话给糟蹋了，那岂不冤枉？

受礼者在接受礼品时通常应站着相接，表示尊重对方的礼品和送礼的诚意，并说一些客气或感谢的话，如"您太客气了""让您破费，真不好意思"，或是简单地说声"谢谢"。收到礼品时什么也不说，随手放到不起眼的地方的行为是很失礼的，是不尊重他人的表现。

有些人到对方家中拜访直到要离开时，才想起该送的礼品，在门口拿出礼品时，主人却因为谦逊、客套而不肯接受，此时在门口推推扯扯，颇为狼狈。

避免这种情况的办法是：进到大门，寒暄几句就奉上礼品，这样就不会出现因为对方客套而不收礼的尴尬情形。如果错过了在门口送礼的时机，不妨等坐定后，在主人倒茶的时候送。此时，不仅不会打断原来谈话的兴头，反而还可增加一个话题。

拒绝收礼通常是不被允许的，除非所送礼物违反了礼貌的规定。出现这种情况时，受礼者应当委婉而又坚决地拒绝收礼，如果送礼者不知道自己错在哪里，应当向他暗示一下礼物不妥的原因。

这时，馈赠者不要太勉强，也不要动怒，更不要随口说一些不恰当的话，恶化双方的关系。正确的做法是，送礼者稍作解释或表示歉意后，把礼品带走。然后，分析一下受礼者拒收的原因，之后再采取相应的行动，不失为一种良策。正视拒收、处理得当，照样可以建立起良好的人际关系。

多学几句客套话

　　客套话，是人际交往中相当普遍的语言现象。交际往来常用的应酬套语，往往就如润滑社交齿轮的油，能减少"摩擦""噪声"。请人办事说一声"劳驾"，送客临别讲一句"慢走"，显示出你礼貌周到、谈吐文雅。擅长外交的人士，像精通交通规则一般熟谙客套。正如培根所说，得体的客套同美好的仪容一样，是永久的推荐书。

　　"客套"对服务业来说尤为常用，益显重要。有的外国商店就对使用频率高的最必要的客套用语做了规定，店员能纯熟运用。顾客买好东西，店员马上会说："谢谢您经常光顾！"顾客提出某种要求，店员会回答："我明白您的意思了。"即使店员很快把顾客要的东西递上，也常常打招呼："让您久等了！"如果店员一时忙的来不及接待，那更是连连致歉："对不起，对不起！"不用说，这些彬彬有礼、热情洋溢的话语，一定会使顾客如沐春风，心里暖和。

　　客套要自然、真诚，言必由衷，富有艺术性。上海大酒店的一位门厅服务员就是这么做的。著名美籍华裔舞蹈家孟先生第一次到达该酒店，这位服务员向他微笑致意："您好！欢迎您光临我们酒店。"第二次来店，这位服务员认出他来，边行礼边说："孟先生，欢迎您再次到来，我们经理有安排，请上楼。"随即陪同孟先生上了楼。时隔数日，孟先生第三次踏入酒店大门时，那位服务员脱口而出："欢迎您又一次光临。"孟先生十分高兴地称赞这位服务员："不呆板，不机械。有水平！"

这位服务员当受如此表扬。她并非学舌鹦鹉，见客只会一声"欢迎光临"，而能根据交际情境的变化运用不同的客套话，表现出她对工作的热爱和交际的艺术。

电话交际有讲究

在现实生活中，电话已经成为重要的现代化通信手段。人们越来越频繁地利用电话进行交流。电话已成为我们常用的一种办事方式。但接打电话也需要一定的常识和素养，如果不懂得接打电话的礼节和要求，就会直接影响社交的质量。

与朋友通话应尽量在对方比较空闲的时间，尤其是国际电话，应搞清对方所在地的时差，避免使对方在熟睡时被电话铃吵醒。

打电话时，不妨先征求对方的意见，如"现在有空吗？我想和您谈谈，可以吗？"既体现了你的礼貌、教养，又尊重了受话人的时间要求。

电话交谈的时间，最好不要超过五分钟，如果占用较长时间，最好征询对方方便与否。切忌自己喋喋不休说个不停，而不管对方愿不愿听。

打电话前要准备好必要的资料，以免造成在交谈中匆匆翻阅资料而使对方等待的局面，这样会让人认为你是一个没有效率的人。

与陌生人接通电话后，第一句话应先报出自己的名字和身份；其次，寻人称呼要明确，特别是往一个不太熟悉的单位找人，不宜直接用简称，否则很容易发生误解。

打电话时，说话应注意语调的清晰、柔和。语调过高会使对方感到尖刻、生硬；语气太轻，会让人感到你有气无力；语调过长则显得懒散庸碌；语调过短又显得心不在焉。

不要在嘈杂的地方与人通话。嘈杂声、嬉笑声以及吐痰、咳嗽声，这些令人生厌的声音不仅影响电话接收效果，而且影响对方的情绪。

如果接到找其他人的电话时，要及时去找，一直放着电话，是对别人的不尊重，如果要找的人暂时不能来接，就必须委婉地让对方留言，并按对方所述内容做记录，最后再复述一遍，千万不能说"他正忙着。"因为这会让人感觉自己不重要，让人十分难堪。

电话铃响后，应及时去接。拿起话筒要自报单位、姓名，再问"您是哪位"。如果不是找自己的也应注意礼节，要向对方做充分解释，如"他刚回家，我帮你留话好吗？"

与上级、长辈通电话，要格外注意礼节，谈话结束后，要听到对方确实把话筒放下了，才可以把电话挂掉，以表示对他们的尊重。像商场、宾馆、酒店等单位接到顾客的咨询电话，也要等顾客挂了之后，才能放下话筒。

第五章
借助形态语言，声情并茂感染人

表情的作用

　　成功的社交口才，既要有动人的谈吐，又要有得体的表情动作，方可趋于完美。语言较多地显示着内在的思想和智慧，举止则更多地显露着外在的风度和形象。恰当地调动姿势和动作来帮助自己说话，会使你的表达更加富有魅力。身体语言能弥补有声语言的不足，它通过有形可视的、具有丰富表现力的各种动作和表情，协助有声语言将内容准确无误地表达出来。视、听作用双管齐下，能给听者完整、确切的印象，辅助有声语言更好地表情达意。一个会说话的人一定会是一个善用身体语言的人。

　　表情对于说话有不容忽视的作用。罗曼·罗兰说："表情是多少世纪培养成功的语言，比嘴里讲得更复杂到千百倍的语言。"表情复杂就复杂在有真假之分。例如，在商谈工作的时候，对方笑嘻嘻地听取这方面的意见，完全表现出一副非常满意的表情，使得发言的人很安心地觉得交涉可能成功，可是最后依然是失败的结局。这就说明，为了正确"阅读"表情，我们首先要接受某种训练，学会如何从表情中正确判断对方的真正感情。如下这些表情是比较容易读懂的：蹙眉皱额表示关怀、专注、不满、愤怒或受到挫折等情绪；双眉上扬、双目张大，是惊奇、惊讶的表现；皱鼻，表示不高兴、遇到麻烦、不满等等。

一个会说话的人，他所用的不仅仅是他的口。在日常生活中，我们经常可以发现，有些人一开口，别人就静下来听；而另一些人讲话时，听众仍各干各的，甚至打断他的话。这种情况之所以出现，当然有许多复杂的原因，但其中有一个重要原因，那就是有的人懂得使用表情，使用眼、胸、肩等身体的各个部位来配合他的口来吸引人，而有的人却不懂得。试想一想，如果一个人在说话时只是嘴在动，而身体的其他部位是绝对静止的，他会对听众有吸引力吗？

会说话的人善于通过自己的面部表情把自己的内心情感最灵敏、最鲜明、最恰当地显示出来；善于通过自己的面部表情对听众施加心理影响，构筑起与听众交流的思想情感的桥梁。

1. 眉毛

眉毛的功用是保护眼睛，但它还能传递人心理行为的信息。人的心情变化了，眉毛的形状也会跟着改变。眉毛的动作，大致有5种表现：

（1）扬眉。当人的某种冤仇得到伸张时，人们常用"扬眉吐气"一词来形容这时的心情。当眉毛扬起时，会略向外分开，造成眉间皮肤的伸展，使短而垂直的皱纹拉平，同时整个前额的皮肤挤紧向上，造成水平方向的长条皱纹。扬眉这个动作，能扩大视野。但同时也要认识到，一个眉毛高挑的人，正是想逃离庸俗世事的人，通常会认为这是自炫高深的傲慢表现，而称为"高眉毛"。当一个人双眉上扬时，表示非常欣喜或极度惊讶，单眉上扬时，表示对别人所说的话、做的事不理解、有疑问。当我们面临某种恐惧的事件时，可以用皱眉来保护眼睛，也可以用扬眉来扩大视野，两者都对我们有利，但我们只能选择其一。一般的反应是：面临威胁时，牺牲扩大视野的好处，皱眉以保护眼睛；危机减弱时，则会牺牲对眼睛的保护，扬眉以看清周围的环境。

（2）皱眉。皱眉的情形包括防护性和侵略性两种。防护性的皱眉只是保护眼睛免受外来的伤害。但是光皱眉还不行，还需将眼睛下面的面颊往上挤，眼睛仍睁开注意外界动静。这种上下挤压的形式，是面临外界攻击、突遇强光照射、强烈情绪反应时典型的退避反应。至于侵略性的皱眉，其基点仍是出于防御，是担心自己侵略性的情绪会激起对方的反击，与自卫有关。真正侵略性眼光应该是瞪眼直视、毫不皱眉的。最常见的皱眉，容易被人理解为厌烦、反感、不同意等情形。

（3）耸眉。耸眉指眉毛先扬起，停留片刻，然后再下降。耸眉与眉毛闪动的区别就在那片刻的停留。耸眉还经常伴随着嘴角迅速而短暂地往下一撇，脸的其他部位没有任何动作。耸眉所牵动的嘴形是忧伤的，有时它表示的是一种不愉快的惊奇，有时它表示的是一种无可奈何的样子，此外，人们在热烈地谈话时，会做一些小动作来强调他所说的话，当他讲到重要处时，也会不断地耸眉。

（4）斜挑斜挑是两条眉毛中的一条降低，一条向上扬起，这种无声语言，较多在成年男子脸上看到。眉毛斜挑所传达的信息介于扬眉与皱眉之间，半边脸显得激越，半边脸显得恐惧。扬起的那条眉毛就像提出了一个问号，反映了眉毛斜挑者那种怀疑的心理。

（5）闪动。眉毛闪动，是指眉毛先上扬，然后在瞬间再下降，像流星划过天际，动作敏捷。眉毛闪动的动作，是全世界人类通用的表示欢迎的信号，是一种友善的行为。当两位久别重逢的老朋友相见的一刹那会出现这种动作，而且伴随着扬头和微笑。但是在握手、亲吻和拥抱等密切接触的时候很少出现。眉毛闪动除了作为欢迎的信号外，如果出现在对话里，则表示加强语气。每当说话者要强调某一个词语时，眉毛就会很自然地扬起并瞬即落下。

2. 鼻子

在谈话中鼻孔稍微张大时，多半表示得意或不满，或情感有所抑制。鼻头冒出汗珠时，表示心理焦躁或紧张；如果对方是重要的交易对手时，必然是急于达成协议。鼻子的形状像鹰嘴，尖向下垂成钩状，阴险凶暴，鹰鼻而眼深者生性贪婪不知足。鼻子的颜色整个泛白，显示对方的心情一定畏缩不前。鼻孔朝着对方，表示藐视对方，轻视别人。鼻子坚挺的人性格坚强，决定的事情一定要做到。摸着鼻子沉思，说明对方正在思考，希望有个权宜之计解决眼前的问题。

有位研究身体语言的学者，为了弄清这个"鼻子"的"表情"问题，专门作了一次观察"鼻语"的旅行。他到车站观察，到码头观察，到机场观察。他旅行了一个星期，观察了一个星期。由此得出两点结论：第一，旅途是身体语言最丰富的表现区域。因为各种地区、各种年龄、各种性别、各种性格的人汇集在一起，而且都是陌生人，语言交流很少，但心理活动又很多，所以，大量的心态都流露于身体语言。他说："旅途是身体语言的试验室。"第二，人的鼻子是会动的。因此，鼻子是有无声语言的器官。他说，根据他的观察，在有异味和香味刺激时，鼻孔有明显的伸缩动作，严重时，整个鼻孔会微微地颤动，接下来往往就出现"打喷嚏"现象。他认为，这些"动作"，都是在发射信息。此外，据他观察，凡是高鼻梁的人，多少都有某种优越感，表现出"挺着鼻梁"的傲慢态度。关于这一点，有些影视界的女明星表现得最为明显。他说，在旅途中，与这类"挺着鼻梁"的人打交道，比跟低鼻梁的人打交道要难一些。他的这次旅行观察，对于身体语言学，可能是个不小的贡献。

3. 嘴巴

嘴巴本身就是传递有声语言的器官，但它同时也传递一种无声语言。为什么呢？因为嘴是人身上最忙碌的部位——笑、哭、咬、舔、接吻、吃饭、吸吮、品尝、咀嚼、吞咽、咳嗽、说话、吼叫、抽烟等等动作都要嘴巴来完成。人的生存需要通过嘴巴输送粮食，交流需要嘴巴说话。同时，嘴巴也是脸上最富于表情的部位——张开闭合、向前向后、向上向下、抿紧放松，这4种基本方式可以组成五彩缤纷的嘴部动作。

人的嘴巴一举一动能够鲜明地表现人的态度来。一个人口唇部分的变化，主要有几种情况：张开嘴而合不上，是个意志软弱的人；口齿伶俐，吐词清楚的人有一副好口才；人的嘴唇往前空撅的时候，可能是防卫心理的表示；人在注意听说话时，嘴唇两端会呈现稍稍拉向后方的状态；嘴角上翘，这种人豁达、随和，比较好说话，易于说服；下巴缩起的人，干活仔细，疑心病很重，容易封闭自己，不易相信他人；下巴高抬的人，性格骄傲，优越感、自尊心强，目光望向你时，常带否定性的眼光或敌意；说话或听话时咬嘴唇，对方在自我谴责，自我解嘲，甚至自我反省；口齿不清，说话迟钝，但意志坚定，见解不凡，此人必定才能出众；说话时以手掩口，其人性格较内向、保守，不敢过多暴露自己，还有一种情形，表示对方存有戒心，或者在做某种自我掩饰；关键时将嘴抿成"一"字形的人，其性格坚强，交给他的任务他一定能完成，不管付出多大代价。

让微笑的美感流动

笑口常开是社交的真谛，是让别人喜欢你的秘诀。纽约一家百货公司经理曾说过，在录用女店员时，高中毕业却经常微笑的女子，比大学毕业而面若冰霜的女子录用的机会更大。世界著名的希尔顿饭店的创始人康拉德·希尔顿也说："如果我们的旅馆只是一流的设备，而没有一流微笑的服务的话，那就像一家永不见温暖阳光的旅馆，又有何情趣可言呢？"从这个意义上说，微笑是一种无价之宝，没有微笑就没有财富。

微笑的表情之所以动人，令人愉快，最主要的不在于这种表情在外观上给人以美感，而在于这种表情所传递、表达的可喜的信息和美好的感情。微笑总是给人们带来友好热情的感情，带来欢乐和幸福，带来精神上的满足。

正是在母亲慈祥的微笑中，孩子才获得了纯洁的母爱；正是在恋人深情的微笑中，相爱的心才得以沟通和联结。当你上班来到办公室，领导和同事们都以亲切的微笑迎接你，你一定会感到非常的愉快；当你下班回到家里，父母妻儿们又以亲切的微笑迎接你，你一定会感到无比的温暖。旅行时乘坐飞机，训练有素的空中小姐微笑着为你端来热茶，你的心不免要为之一热。出门时搭上公共汽车，买东西走进百货商店，乘务员、售货员对你笑脸相迎，主动服务，你也一定不会不为之所动。假如你处处遇到的都是一张张笑脸，那么，你一定会感到如沐春风，如饮甘泉，你一定会感到人世间那么美好，人生是那么幸福，你一定会从心底里发出欢唱："我们的生活充满阳光……"而且，你也一定会在人们的微笑中受到感染，变得爱笑，变得乐观开朗，变得更加美好。

假如情况恰恰相反，在办公室里同事之间漠然相对；回到家里，亲人们又是满脸愁云；离家出门，乘车、搭船、进商店，碰到的也是一副副冷若冰霜的面孔，那么，你的感受将会如何呢？在现实生活中，这种令人不快的场面并不少见。也正因为如此，在人际交往中，微笑作为一种富有吸引力的表情，才显得更加可贵。有个叫威廉·史坦哈的人，在谈他的交际经验时说："我是一个闷闷不乐的人，结婚18年来，我很少对我太太微笑。后来，有人鼓励我微笑，我答应试试。于是，第二天早起，当我跟太太打招呼：'早安，亲爱的。'同时对她微笑时，她怔住了，惊诧不已。我说：'从此以后我的微笑将成为寻常的事，不用惊愕。'结果这竟改变了我的生活，一改过去闷闷不乐的状态，在家中我得到了幸福温暖。现在，我对每个人都微笑，他们也对我报以微笑。我可以带着轻松愉悦的心情去同一些满腹牢骚的人交谈，一面微笑，一面恭听。原来棘手的问题，现在也变得容易解决了。这就是微笑给我带来的许多方便和更多的收入。微笑使我快乐、富有、拥有友谊和幸福。而不会微笑的人在生活中将处处感到困难和不方便。"

日本著名电影演员山口百惠给世界观众留下深刻印象，在她息影多年后仍有大量的影迷想念她，渴望她复出。山口百惠能够得到如此高的声誉当然与她卓越的演技分不开，但是也不能否认她那天真无邪、可爱动人的微笑以及笑时流露的两颗虎牙所具有的摄人魂魄的魅力，令多少观众醉心于她的表演。作为一种特殊的"情绪语言"，微笑要求做到4个结合。

1. 口和眼的结合

在微笑中，眼睛的表情是十分重要的，眼睛有传神送情的特殊功能，又是心灵的窗户，因此，口到、眼到、神色到，笑眼传情，微笑才能扣人心弦。

2. 笑和神、情、气质的结合

"神"，就是笑得有情入神，笑出自己的神情、神色、神态，做到情绪饱满，神采奕奕。"情"，就是要笑出感情，笑得亲切、甜美，反映美好的心灵。"气质"，就是要体现出谦虚、稳重、大方和得体的良好气质。

3. 笑和语言的结合

语言和微笑都是传播信息的重要符号，只有做到二者的有机结合，声情并茂，相得益彰，微笑才能发挥出它的特殊功能。

4. 笑和仪表、举止的结合

端庄的仪表、适度的举止，是每个从业人员的基本要求。以姿助笑，以笑促姿，就能形成完整、统一、和谐的美。

微笑应该发自心底深处，足以温暖别人的心，使冰雪为之融化。没有诚意的微笑不但不能打动人，反而令人生厌。在才智不相上下的人群中，你拥有更多的微笑，成功便在更大程度上属于你。

怎样才能使自己经常由内心发出微笑呢？怎样才能使自己在微笑中取得别人的好感呢？

（1）要想保持微笑，就要使自己每日的内心活动，都要保持良好的状态。要在心目中，暗示或唤醒能够使自己微笑的意识。要在想象中，看见那些美好的人与事、景与物，听见那些美好的声音。

（2）要在心中充满对人间的热爱和温暖。对朋友、对邻居，甚至对路上的行人都充满由衷的好感。要相信自己的智慧、自己的力量，相信自己能够战胜困难。

（3）要懂得身心放松的要领，能够使自己始终保持在一种身心放松的状态中。要保持美好愉快的笑容，也需要一个情况良好的身体。在身体虚弱的时候，微笑也会像缺少水分、缺少阳光的花一样变得枯萎了。

（4）进步是会使人微笑的。你每天能够有一点点进步，无论哪一方面的进步，都会使你微笑的。清理一下自己的房间，看到了窗明几净，你能不微笑吗？与同事之间的"疙瘩"解开了，想到这里你能不微笑吗？给朋友回一封充满情谊的信，当你将信投入邮箱时，你能不微笑吗？

（5）改正一个错误，也会使人微笑。错误的思想与行为，常常给人带来许多麻烦与苦闷。错误本身也会给人的内心蒙上重重的暗影，使自己对前途充满了忧虑。而一旦改正自己的错误，不只是为微笑提供了丰富的内容，而且还是创造微笑的力量。

（6）多想想那些曾经关怀过你的人，也会微笑。想想你遇见过的恩师挚友或开明领导，好邻居或好房东以及好医生或好护士……朋友之间的好言好语，好颜好笑，一次次友谊的握手，一次次亲切的聚会，如果你常常回忆这些，你也会微笑的。

微笑是一种交际手段。在现实生活中，如果人人脸上都有微笑，会使苦恼的人也感到愉快、安详，气氛也融洽、平和，至少人人的心中都少了许多令人不愉快的情绪，争吵打斗的事情也就越来越少了。这种微笑，好像是一种磁力、一种电波，能够跟许多人的心灵相通、相近、相亲。

眼神交流的技巧

语言表情中最重要的是眼神。黑格尔在《美学》中说："不但是身体的形状、面容、姿态和姿势，就是行动和事迹、语言和声音以及它们在不同生活情况中的千变万化，全部要由艺术化成眼睛，人们从这眼睛里就可以认识到内在的无限的自由的心灵。"

"双目炯炯有神"这句话是人们用来描述一个人精力旺盛、机敏干练的，从这句话可以发现"眼"与"神"之间的联系。眼睛里流露出来的光彩，人们即称之为眼神。眼神是人际交往中最能传神的非语言交往。人的眼神是通过眼睛的开闭张合，眼球的运动，瞳孔的舒缩，视线的变化以及眉毛的配合表现出来的。眼神有热情友好的、含情脉脉的、严厉苛刻的、慈祥的、和蔼的、凶恶的、胆怯的、坚定的、蔑视的等等多种类型。

眼神能表现不同的姿态。炯炯有神的目光，是对事业热烈追求的表现；麻木呆滞的目光，是对生活心灰意冷的表现。明澈坦荡的眼神是为人正直、心怀博大的反映；狡黠的眼神，是为人虚伪、心胸狭窄的反映；故弄玄虚的眼神，乃是高傲自大的体现；神秘莫测的眼神，则是狡猾奸刁的体现。坚定执着的目光，是志怀高远的表示；飘忽浮动的眼光，是为人轻薄浅陋的表示。似匣剑出鞘，灼灼逼人的目光，是正派敏锐的写照；如蛇蝎蛰伏，灰冷阴暗的目光，是邪恶刁钻的写照。坦诚者目光似一泓清泉，悠然见底；英武者目光如电掣雷奔，波澜惊绝；典雅者目光似白云初晴，幽鸟相处；俊秀者目光如玉气藏虹，珠胎含月；妩媚者目光似春花始香，夏榴初笑；豪放者目光如天风波浪，海山苍苍……目光是多种多样的，它表达的情感也必然是多种多样的。

眼神能很好地表达出对他人的尊重与否。一般地，仰视表示尊重、敬畏之意，适用于面对尊长；俯视通常用于身居高处之时，既可表示对晚辈的宽容、怜爱，也可表示对他人的轻慢、歧视；而平视适用于在普通场合与身份、地位平等之人进行交往。因此，与人交往时尽量不要站在高处自上而下地俯视于人；面对长辈、上司和贵宾时，站立或就座应选择较低之处，自下而上地仰视对方，往往会赢得对方的好感。当对方缄默不语时，就不要看着对方，以免加剧因无话题本来就显得冷漠、不安的尴尬局面。当对方说了错话或显得拘谨时，不要马上转移自己的视线；否则，他会误认为是对他的讽刺和嘲笑。

眼神，犹如一面聚焦镜，凝聚着一个人的神韵气质。凡是亲耳聆听过周总理演讲的人，无不为他那刚毅、睿智的眼神所吸引，从中得到激励；凡是亲耳聆听过陈毅演讲的人，无不为他那英灼、敏锐的眼神所慑服，从中受到鼓舞。

切记，我们的一双眼睛时刻都在"说话"。互相正视片刻，表示坦诚；互相瞪视，表示敌意；也斜着眼扫一下，表示鄙夷；正视、逼视，表示命令；不住上下打量对方，表示挑衅；低眉偷觑，表示困窘；行注目礼，表示尊敬、关注；白他一眼，表示反感；双目大睁或面面相觑，表示吃惊；眼睛眨个不停，表示疑问；眯着眼看，表示高兴或者轻视。

在说话进入正题的时候，对方时而移开目光直视远处，这表示他根本不关心你说什么；当你看到对方灰暗的眼光，就应该想到对方有不顺心的事或发生了什么意外的事情；而当你和对方交谈时，对方的眼睛突然明亮起来，则表示你的话触动了他的心灵和兴趣。对方瞪着你不放，嘴里却不由自主地说："哎，事到如今，听天由命吧！"这种态度表示自己的谎言或罪过即将被揭穿时，不由自主地显示出一种故作镇定的姿态。当某人内心正担忧某件事而无法真正坦白地说出来的时候，他也会有这样的眼语。这种眼语可理解为有自卑感，或对方正想欺骗你。在说话进入正题的时候，对方时而移开目光直视远处的话，这种情况不是他根本不关心你说什么，就是他正在考虑事情。特别是你决定和她结婚的女性，在你谈到严肃的话题时，她时常把眼光移向远处东张西望的话，可以判断，她内心正在进行着各种打算。

还有，如我们和上司打交道时，对其眼睛的观察，能够洞悉其内心的一切：上司从上往下看人，这是一种优越的表现——好支配人、高傲自负；上司说话时不抬头，不看人，这是一种不良的征兆——轻视下属，认为此人无能；上司久久地盯住下属看——他在等待更多的信息，他对下级的印象尚不完整；上司偶尔往上扫一眼，与下属的目光相遇后又向下看，如果多次这样做，可以肯定上司对这位下属还吃不准；上司友好和坦率地看着下属，或有时对下属眨眨眼，说明下属有能力、讨他喜欢，甚至工作中出现的错误也可以得到他的原谅；上司的目光锐利，表情不变，似利剑要把下属看穿，这是一种权力、冷漠无情和优越感的显示，同时也在向下属示意：你别想欺骗我，我能看透你的心思；上司向室外凝视着，不时微微点头，这是糟糕的信号，它表示上司要下属完全服从他，不管下属们说什么，想什么，他充耳不闻。

和朋友接触或被介绍认识的过程中，可以以凝视对方稍久些的方式来表示自己的自信，也能给对方留下一个深刻的印象。

和别人碰面时，可以用把眼光移开的方式解决自己不自在的感觉，这么做可以减轻你所感受到的压力，不过，也表示顺服，或承认自己地位较低。

当对方赠给你名片时，接过后一定要当着对有的面，认真看一会儿，这样做，对方会认为你是很尊重他的。

在交谈过程中，应注视对方的眼睛或面部，以示尊重。但当双方缄默无语时，就不要再看着对方；否则，将使对方更显尴尬。当别人说了错话或做了很不自然的动作时，盯着他的脸，或看一眼后马上转移视线，都会使人产生你在用眼光讽刺嘲笑他的感觉。

在非言语信息的传递中，眼神具有特殊的作用。正直的人眼睛明亮，心术不正的人眼睛污浊。因此，你在与人交谈时，应该把自己的真诚、热情、感染力通过炯炯眼神传达给对方。这种眼神的交流对进一步的谈话是必不可少的准备。

瞳孔的放大与缩小、眼睑的睁大与闭小，都是内心变化的反应。爱一个人时，瞳孔是放大的；气愤、厌恶、冷漠时，瞳孔是缩小的。专心致志地听，脸部肌肉放松，眼睑是睁大的；反感、不解时，眼睑又会闭小。

眼神接触也有不同含义。一般来说，听话或说话的人如果心中有鬼是不敢正视对方的。这在许多的电影镜头中也会看到。眼神接触少的人也可能是羞怯，但羞怯的是偶尔一瞥的目光，与歹人暗中观察别人的眼神全然不同。女性在交谈中喜欢观察别人；对方不说话时，她们会转移视线。男性则喜欢盯着别人，在对方讲话时会显出漫不经心的样子。据有人观察，交谈时注意的时间约30%~60%之间。如果凝视时间过长，说明双方对人的兴趣超过了话语本身，如情侣间便是如此。

了解了眼神的准确含义，你就能在进一步的交谈时合理地运用目光，以增强交谈效果，减少误会。除去演讲，正常交谈时双方的眼神以水平位置相同或相近为好。因为俯视的眼神，会给人盛气凌人之感，会使人产生自卑或抵触情绪。有人在办公桌前坐定，一边办公一边与人交谈，常使对方感到不快。交谈时还切忌斜视，斜视的含义贬多于褒。

恰如其分的眼神可以体现出一个人的道德、修养或情操。交谈时东张西望、左顾右盼最不礼貌。如果说话者如此，则反映出傲慢、缺乏交谈的诚意、修养欠佳；如果听话者如此，则反映出轻视、不专心，都会影响双方感情。谈话时应注意看着对方，但不必总是盯着对方的眼睛，以免使他手足无措。

肢体语言的类型

每个人说话时都有自己独特的肢体语言风格，但都不外乎3种类型，即情感型、示意型、陈述型。这3种肢体语言类型在具体运用中互相协调、互相联系。

1. 情感型

这是表示思想感情机能的身体语言，它分为两种，第一种是不欢迎的意思。比如，有两个人在一块儿说话，你也走过去和他们在一起，如果他们只是很平淡地看了你一眼，那就说明他们对你的到来不感兴趣，你最好主动离开。第二种是欢迎的意思。比如两个人坐在桌旁，他们的姿势很自然地互相对称，这表明其中一人对另一人十分感兴趣。

另外，有时几个人在一起组合成一个势力圈，而对圈内的人来说，则是一个整体。这说明情感型肢体语言具有对立统一的特点。

2. 示意型

肢体语言是可以用语言表达意思的语言。如迎接客人时"请"的姿势就是典型。这种肢体语言在身体各个部位都有所表现。如腿部：你在酒吧等人，但等了很久都没有人来，这时你的腿开始抖动，甚至还出现频频顿足的动作，而头部也频繁地朝门口扭动，眼睛不时地往来人的方向张望或看手表，这一系列姿态，就把你焦躁不安的心态暴露无遗。

还有腰部。弯腰是表示某种"谦逊"或"尊敬"的态度。经常挺直腰板站立、行走或坐下的人，表示其较强的自信心和自制力，也可能表示其性格过于古板。

其他部位都有不少这类肢体语言。挺起胸部，手臂抬高交叉脑后，表示自信、有把握或有优越感；挺起腹部，意在扩大自己的势力范围或威慑对方。反之，抑腹蜷缩则表现出不安、消沉和沮丧。

3. 陈述型

这是对语言表达的思想内容进行补充和说明的肢体语言类型。首先，它有助于增强反馈效应。例如美国人交谈时，头部的动作很频繁。如果想等待答复，他总是动头，每次说完话后也是动头，意思是说自己的话完了，请对方接着说。如果自己以陈述语气继续讲话，那么他就不会动头，并且保持同样的语调。

其次，陈述型肢体语言有助于强化语义。例如一个人面对一群人演讲，当讲到特别重要的内容时，便不由自主地站立起来，甚至上身还向听众倾斜，目的是要强调所讲内容的重要性。

另外，陈述型肢体语言还有助于提高听众的理解，有助于你说话顺利流畅，有助于提醒听众的注意。所以说，陈述型肢体语言是善于言谈者的拿手本领。

巧用肢体语言的功能

肢体语言，作为人类在相互交往中，用身体态势动作来传达思想、表达感情的一种语言形式，它的产生和发展是有其必然性的。

电影表演大师卓别林早年出演的无声电影之所以在全世界受到广泛的欢迎，就在于卓别林准确夸张的肢体语言的配合。这种配合显示了肢体语言的强大功能。

肢体语言在人与人之间传达出"无言的沟通"，它的功能有以下4点：

1. 替代功能

《晋书，阮籍传》记载，魏晋时代被誉为"竹林七贤"之一的阮籍善为青白眼。所谓"青"，就是黑的意思。"青眼"即人喜悦时眼睛正视，黑珠在中间，是相对于"白眼"（眼睛向上或向旁，现出白眼）而言的。阮籍常用"青眼"表示赞许和喜悦；用"白眼"表示厌恶和蔑视。他见到雅士，便作"青眼"；见到俗人，即以"白眼"对之。阮籍居丧期间，嵇喜前往吊唁，他白眼冷对，嵇喜十分难堪，只好不怿而退。嵇喜的弟弟嵇康听说后，便提着个大酒壶，挟着把琴也来吊丧，阮籍立即投之以青眼，表示欢迎。今天我们常用的"青睐""垂青"等词，也就是由此而来。心理学家阿盖尔认为，诸如承认、爱欲、挑衅、拒绝、寻衅、优越感、屈从、谦恭、满足、妥协、害怕、悲伤、欢乐、痛苦、哀愁等情绪，通常都可以由肢体语言直接替代加以表达。

2. 表露功能

有时，千言万语难以表达的思想感情，或一时说不出口的心底的话，采用肢体语言巧妙地加以表露，就容易使对方心领神会。

3. 辅助功能

在社交场合讲话要生动有力，给人以深刻印象，那更是少不了肢体语言来辅助。辅助手段如果运用得当，可以加强语势，并能取得较好的信息沟通效果。

4. 调节功能

有人来访，你正在忙这忙那，当对方还在滔滔不绝地漫谈时，你会用看看手表或坐立不安等肢体语言，来暗示对方"废话少说，无事快走"。当教师讲解不清时，学生的脸上会出现困惑不解的神色，有的可能摇头以示不悦，这时许多教师会及时理解学生向自己发来的调节信号，并迅速做出积极反应。

肢体语言的上述4种功能，显露了不可低估的"无言的沟通"之意义，如果一个人不会正确破译肢体语言，不善于发挥它在人际交往与沟通中的作用，那就可以说他成功的大门还没有真正打开。

好口才的站姿语

　　站立是人们生活交往中的一种最基本的仪态。"站如松"是说人的站立姿势要像松树一样端直挺拔。正确健美的站姿会给人以挺拔笔直、舒展大方、精力充沛、积极向上的印象。

　　一个人的站姿要显得健康、自信。标准的人体站姿应该是：抬头，两眼平视前方，嘴唇微闭，面带微笑，下颌微收；放松双肩，稍向下压；挺胸、收腹、立腰；双臂自然下垂于身体两侧，双腿直立，膝和脚后跟要靠紧。一个人站立时不良的姿态表现为：身体僵直，胸部外凸，板腰；垂肩，脊柱后凸，腹部鼓起；胸部下凹及垂肩，脊柱侧凸。此外，缩头探脑，佝偻双肩，双腿弯曲颤抖等，这些站姿都会给人留下不良印象。不良站姿无法显示出一个人的朝气及活力。

　　无论男性还是女性，站立姿势表现出挺、直、高，那他（她）便是具有了基本的美感。就男性来说，站立时身体各主要部位舒展，头不下垂，颈不扭曲，肩不耸，胸不含，背不驼，髋、膝不弯，这样他就做到了"挺"。站立时脊柱与地面保持垂直，在颈、胸、腰等处保持正常的生理弯曲，颈、腰、背后肌群保持一定紧张度，这样他就做到了"直"。站立时身体重心提高，并且重点放在两腿中间，这样他就做到了"高"。就女性来说，站立时头部微低，显示了她的温柔之美；挺胸，不仅使她显得朝气蓬勃，而且让人觉得她是个自信的人；腹部微收，臀部放松后突，表示她很在意女性曲线美。

在社交场所和任何人群集合的地方，人们三个一群两个一伙地站着谈话，其站姿各种各样。相对站立，这是两个人谈话时常采用的姿态，其中包括两种含义：一是亲密友好，一是彼此发生争吵。又有双人八字形站姿，表明欢迎别人加入。还有多人并肩站姿，说明几个人受到同一约束力。

站立时，对方手臂的姿势也值得琢磨：手臂下垂时，表示他此刻的心理处于松弛状态，心态比较自然，手臂张开时，表示出欢迎和拥抱的姿态，手臂交叉时，既表现一种防卫心理，又具有一定的掩饰作用。即便是颇有声望的政界要人，或社会名声显赫的人物，在与陌生人打交道时，都会程度不一地采用这种姿势。用手握臂时，表示一种自制。有的人置身陌生人当中，为了掩饰不安的心情和缺乏自信心理，会采取这种姿态。手臂上举时，要么表示胜利，要么表示投降，要么表示敬礼、挥手、招手等特定的含义。

站姿可以随着场合进行调整。同别人交谈时，如果空着手，可双手在体后交叉，右手放在左手上。若身上背着背包，可利用背包摆出优雅的站姿。向长辈、朋友、同事问候或做介绍时，无论握手或鞠躬，双足应当并立，相距约10厘米，膝盖要挺直。等车或等人时，两足的位置可一前一后，保持45度，肌肉放松而自然，并保持身体的挺直。如果站立时间过久，可以将左脚或右脚交替后撤一步，其身体重心置于另一只脚上。但是上身仍需直挺，脚不可伸的太远，双腿不可叉开过大，尤其女性应当谨记，变换也不可过于频繁。双腿交叉，即别腿，也不美观。总之，站的姿势应该是自然、轻松、优美的，不论站立时摆何种姿势，只有脚的姿势及角度和手的位置在变，而身体一定要保持绝对的挺直。

好口才的坐姿语

正确的坐姿在说话时给人以端庄、稳重的印象，使人产生信任感。对坐姿的要求是"坐如钟"，即坐相要像钟那样端正稳重。端庄优美的坐姿，会给人以文雅稳重、自然大方的美感。另一方面，它也给交谈带来方便。坐姿本身就可以向对方传递信息，因此应作为一种交谈手段加以注意。

为了促进交谈，坐椅子时可稍往前坐一点，身体前倾，采取这样的姿势，便于将身体前后摇动，以对对方的谈话内容表示肯定，同时还可以促使对方做决定。如果背部靠在沙发上，则给人以傲慢的印象，同时身体后仰，会使下巴突出，这样容易暴露自己的想法，被对方掌握主动权。

另外，交谈时可以采取稍微侧身的姿势，这样面向对方的侧身坐姿，会产生一种易于接近的作用。

正确的坐姿是：入座时要轻要稳。走到座位前，转身后，轻稳地坐下。然后把右脚与左脚并齐，坐在椅上，上体自然挺直，头正，表情自然亲切，目光柔和平视，嘴微闭，两肩平正放松，两臂自然弯曲放在膝上，也可以放在椅子或沙发扶手上，掌心向下，两腿自然弯曲，两脚平落地面，起立时右脚先向后收半步然后站起。

人的正常坐姿，在其身体背后没有任何依靠时，上身应正直而稍向前倾，头平正，两臂贴身自然下垂，两手随意放在自己腿上，两腿间距和肩宽大致相等，两脚自然着地。背后有依靠时，在正式社交场合，也不能随便把头向后仰靠，显出很懒散的样子。

一般来说，在正式社交场合，要求男性两腿之间可有一拳的距离，女性两腿并拢无空隙。两腿自然弯曲，两脚平落地面，不宜前伸。在日常交往场合，男性可以跷腿，但不可跷得过高或抖动；女性大腿并拢，小腿交叉，但不宜向前伸直。

无论哪一种坐姿，都要自然放松，面带微笑。在社交场合，不可仰头靠在座位背上或低着头注视地面；身体不可前俯后仰，或歪向一侧；双手不应有多余的动作；双腿不宜分开过大，也不要把小腿搁在大腿上，更不要把两腿直伸开去，或反复不断地抖动。这些都是缺乏教养和傲慢的表现。

无论何种坐姿，上身都要保持端正。

端坐时应注意，双手不宜插进两腿间或两腿下，而"4"字形的叠腿方式，或是用手把叠起的腿扣住的方式，则是绝对禁止的。有失优雅风度的坐姿，如把脚藏在座椅下，甚至用脚勾着座椅的腿，这都是非礼的举动，均属避免之列。

在谈话中，选用什么样的坐姿，受语境的限制，我们要根据场合选用适当的坐姿。运用正确得体的姿势语言可以配合有声语言更加有效、生动地传递信息，运用得好可以增强有声语言的表达效果，甚至在不便说、不愿说的情况下，巧妙运用体态语言可以收到无声胜有声的效果。

一个人的坐姿是他的修养和个性的体现。得体的坐姿可以塑造说话者的良好形象，否则就会让人反感。

好口才的步态语

　　人们行走的姿态——步态——是千姿百态、变化万端的，比如有消磨时间的散步、无精打采的慢步、大摇大摆的阔步、闲庭自得时的信步、节奏均匀的慢跑、风驰电掣的疾奔、老态龙钟的蹒跚、犹豫不决的徘徊、偷偷摸摸的蹑行、摇摇摆摆的跛行、姿态优雅的滑行、兴高采烈的蹦跳、心焦气躁的急走、故作姿态的扭摆、夸张行进的正步、急促小奔的碎步，等等。这些移动身体的步态，每个人在日常生活中都会用到其中某些部分。

　　每个人具有独特的走路姿势，能使他的熟人一眼认出来。至少有一些特征，是因为身体的结构而有所不同，但是步法、跨步的大小和姿势，似乎是随着情绪而改变的。假如一个人心情愉快，他会走得比较快、脚步也轻快；反之，他的双肩会下垂，走起路来好像穿着铅底的鞋子一般。走路快且双臂自在摆动的人，往往有坚定的目标而准备积极地加以追求；习惯双手半插在口袋中，即使天气暖和时也不例外的人，喜欢挑战而颇具神秘感，通常他善于扮演"魔鬼的拥护者"的角色，因为他喜欢贬低别人。

　　一个自满甚至傲慢的人走路时，他的下巴通常会抬起，手臂夸张地摆，腿是僵直的，步伐是沉重而迟缓，似是有意加深别人对他的印象。有的人行走时心情轻松，步子的幅度适中，步速不紧不慢，上身直立，两眼平视，两手摆动自然。这种步姿的含义就是"自如轻松，比较平静"。一个人在沮丧时，往往拖着步子将两手插入口袋中，很少抬头注意到自己往何处走。一个人在这种心情下，走到井边，说不定会朝里边望一望，借以转移目标，暂时忘记烦恼。走路时双手叉腰的人，看起来像个短跑者，往往他想在最快的时间内跑最短的距离，以达到自己的目标。他突然爆发的精力，常是在他计划下一步决定性的行动时看似沉寂的一段时间内所产生的。一个人在行走的时候，上身挺直，步伐矫健，双膝弯曲度小，步姿幅度和速度都适中，步伐和手的摆动有强烈的节奏感，眼睛正视前方。这种步姿的含义就是"庄重、热情、有礼"。

正确的步态表现出一个人朝气蓬勃、积极向上的精神状态，呈现出一种健美的姿态，行走出一阵疾风，给人留下美好的印象。

好口才的手势语

人的肢体语言中，手势是十分突出的。演讲、教学、谈判、辩论乃至日常交谈，都离不开手势，因此有人说手势是第二唇舌。手势语是一种表现力很强的体态语言，它通过手和手指的活动变化使所要表达的思想和情感内容更加丰富，更具吸引力和说服力。

此外，在让座、握手、传递物件、表示默契，以及在谈话进行中，手势能借以加强我们语言的力量，丰富我们语言的色调。所以说，手势是一种独立的有效的语言。

语言学家们认为，手势是人类进化历程中最早使用的交际工具，是先于有声语言的，手势语在当时的交际中，使用频率之高，范围之广，非今日可比。

早在两千年前就有一位古罗马的政治家、雄辩家说过："一切心理活动都伴随着指手画脚等动作。双目传神的面部表情尤其丰富，手势恰如人体的一种语言，这种语言甚至连最野蛮的人都能理解。"

1. 手势的类型

手势从动作上可以分为两大类：

第一类力量型。这类手势一般使用整个手掌，有时还包括手臂，具体来说，有这样几种情况：

晃动食指：食指伸出，手掌紧握，并大幅度地晃动，这是一种具有很大威胁性的手势。振臂：五指紧握拳头并摇动手臂，向上或向前摇动，主要用来表达强烈的要求。压掌：掌心向下，并猛烈下压，这是表示抑制或压制的手势，能给人一种强制性的感觉。推掌：掌心向外，用力推出，主要用来表示拒绝之意。伸掌：双手掌心向上，向胸前或向腰部的两侧伸出手掌，主要用来表示真诚。抱掌：两手掌心朝向自己的前胸，好像是在拥抱，主要用来表示抒发得到被肯定的心情。切掌：伸直手掌像刀一样上下斩切，主要用来表示果断的决定。

第二类细腻型。这是指手指的尖或某一个手指，构成仿佛在拿一件小东西并力求要准确地操纵它的形态，主要表示要人们对某一事情做谨慎细致的考虑。

2. 手势的作用

说话时巧妙地运用手势，有显而易见的作用：手势语言使所说的话给人以立体感、形象感，帮助对方理解所说的内容。手势语言能强化感情，激起对方共鸣。手势语言还能传达微妙感情，同时提醒自己及时调整表达内容或表达方式。手势能增加说话的魅力，突出自己的个性。如某人演讲的结束语说："让我们张开双臂，拥抱明天，拥抱未来！"说话时张开双臂，目视前方，显得生动、形象。既是一种情绪的自然流露，又具某种象征意味，极富感染力。手势的运用恰到好处才会发挥其作用，并不是在任何场合、面对任何对象都有作用。尤其是在比较庄重的场合，用手势表情达意，应是无意识的，否则会给人做作的感觉。手势要协调，不能说东指西，令人无所适从。

哇啦乱叫不是说话，乱挥乱舞不是手势。不自然的手势，会招致许多人的反感，造成交际的障碍。

3. 手势的特点

手势有如下3个特点：

（1）口能代笔描绘形象。人们在日常生活中常常用手表示物体的大小、高矮、长短等。戏剧中手势更多，开门、关门、骑马、上车，都可以通过手势表现出来。

（2）口能传达强烈的感情。手势可以表示强调，如欢乐时手舞足蹈；愤怒时紧握拳头；懊悔时拍腿顿足；勇敢时拍胸而应；痛苦时捶胸顿足；失望时双手捂脸。有的手势令人远远地感到他的热情和欢喜；有的手势却轻率得像个阿飞；有的手势漫不经心；有的手势使人觉得洋洋自得；有的手势告诉你他非常非常之忙，正要赶着办一件紧急的事情；有的手势又告诉你他有要紧的事情要向你谈，请你等一等。

（3）能指示方位或借代事物。问路时，人们常用手指指示方向；在人群中寻找某人时亦用手指点。另外，手势可代替数目，中国人吃酒划拳的手势就是以指代数。

4. 手势表达的方式

说话时，人们用手势来表达态度的方式主要有：用手遮住额头，表示害羞、困惑、为难；用手搔头，表示尴尬、为难、不好意思；双手相搓，说明陷入为难或急躁状态之中；双手摊开，表示真诚、坦然或无可奈何；双手叉腰，说明对方在挑战、示威或感到自豪；双手插在口袋里，表明内心紧张，对将要发生的事没有把握；双手抱在胸前，表明胸有成竹，对将要发生的事有思想准备；交谈中用手指做小幅度的动作，表明其对提议不感兴趣、不耐烦或持反对态度。

心情处于焦虑不安时，一些人习惯将一只手放在桌上或沙发扶手上，不停地轻弹手指；一些人则习惯用手指搓捻纸条或烟蒂；有些年轻女性则喜欢用手绞手绢。面临某一选择而处于犹豫不决或不知所措的心理状态时，一些人会不知不觉地用手搔脖子；一些人则会用手搔后脑勺。当人们对某件事情充满渴望和期待的心理时，常常会情不自禁地摩拳擦掌。

手势是一种无声的语言，如在表示亲密时热情握手；分别时挥手相向；熟人见面招手示意；紧握拳头表示信心和力量；摆手则是谢绝；学生举手发言是礼貌之举；胜利时则拍手欢呼等等。

5. 握手技巧

握手在现代社交中非常普遍，除了传统的表示友好和亲近外，还表示见面时的寒暄，告辞时的道别，以及对他人的感谢或祝贺、慰问等。握手不仅是中国人最为常用的一种见面礼和告别礼，而且在涉外交往中也普遍适用。 握手的感觉比一般礼节性要求的内容更丰富、细腻。紧紧相握、用力较重是热情诚恳，或有所期待的表示；力度均匀适中，说明情绪稳定。握手既轻且时间短，认为是冷淡不热情的表示；握手时拇指向下弯，又不把另外四指伸直，则说明不愿让对方完全握住自己的手，是对对方的一种藐视。用两只手握住对方的一只手，并左右轻轻摇动，是热情、欢迎、感激的表现；反之，刚触到对方的手掌便立即放开，是冷淡和不愿合作的反映。

握手时手指微向内曲，掌心稍呈凹陷，是诚恳、亲切的表示。握手之时，掌心朝下显得傲慢，掌心朝上则显得谦恭，而伸出双手去捧接对方的手那更是谦恭备至了。 握手时还要讲究先后次序。握手次序要依据双方所处的社会地位、身份、性别和各种条件来确定。一般来说，长辈在先，上司在先，主人在先，女士在先。客人、男士、下级、晚辈，应该先问候对方，见对方伸出手后，立即与之相握。在上级、长辈面前不可贸然伸手。如果对方人多，应该先上级，后下级；先长辈，后晚辈；先主人，后客人；先女士后男士。握手还可以表示感谢、祝贺、鼓励、慰问之意。矛盾和解了，有时也多习惯以握手为礼。手势语也是一种表现力很强的体态语言，是传情达意的有力手段之一。

第六章
好口才的心理洞察术

语言风格显现个人性格

鉴定一个人品行的重要依据是此人平时说话的风格。因为人的思想及情感都是通过语言表达出来的。同时，语言上的风格也会显示在个人品格修养上，一个人的品格修养会在其或俗或雅的语言风格中不经意地流露出来。

1. 幽默风趣型

说话风趣幽默的这类人，拥有丰富的想象力和创造力，而且看重自由自在的生活，崇尚快乐自由的个性。在很多场合下，适当的玩笑可以缓解压力，活跃现场气氛。因此，他们经常运用幽默来改变紧张的氛围，从而成为备受大家瞩目之人。他们总是顽皮、爱开玩笑的一类人，他们已发觉幽默在生活中的力量，而且希望把这股力量带给真正需要它的人，同时也使自己的生活充满欢乐。

2. 旁征博引型

这类人拥有广阔的知识面，随意漫谈也能旁征博引，从古到今、天文地理都能指点一、二，显得无所不通、学问高深。然而由于脑子有太多东西存在，导致系统性差，从而往往是知其然而不知其所以然，思想和深度都不够，评说问题就像蜻蜓点水，不得要领。他们做某件事情时，可以产生几十个方案，但可能都说不到问题的关键所在。所以，他们如果能增强分析问题的能力，做到驳杂而精深，直接把握实质，他们就会成为优秀的全才。否则，就会变成看似懂得一切、实际什么也不懂的一类人。

3. 高谈阔论型

这类人通常认为办大事者应不拘小节，因此常常忽视细节，琐屑小事从不挂在心上。他们考虑问题时宏博广远，善于把握全局。他们的思想富于创见和启迪性，即使不是"绝后"的，也往往有"空前"的意味。不足就是理论没有条理，论述问题不够系统也不能细致深入。由于不拘小节造成的过失，很可能会给后来的事情埋下隐患。所以，"千里之堤，溃于蚁穴"是他们最应该注意的道理。

4. 锋锐犀利型

这类人的言辞犀利，善于攻击对方弱点，不给对方丝毫回旋的机会。他们往往能够抓住问题的要害，而且一步到位，常用问题专家的眼光去对待对方。所以他们有可能会从整体上忽略问题的实质，而舍本逐末甚至断章取义。

5. 自我嘲讽型

这类人的心胸较为开阔，善于像鲁迅一样嘲讽自己，这也可能是他们维持平安幸福的秘诀之一。被自己嘲笑，是改掉自身缺点的方法之一。先别人一步嘲讽自己，无形中排除了外来的某些可能的诽谤，博得他人的同情或怜爱。事实上，这也是他们自我保护的一种方式。

6. 挖苦损人型

这类人大都是文学爱好者，总爱话中有话。在许多方面，他们和自嘲型的人有着同样的心理，不过他们往往是指桑骂槐，更为隐蔽。他们的理念是先下手为强，不过，他们的矛头是指向那些令自己紧张和恐惧的人与事。要是他们觉得不如意，就开始嘲弄别人的成就，他们的挖苦兼嘲笑就像一剂毒药，令人痛不欲生。其实，这也从中反映了他们的消极思想，以及对自我的否定。通过对比，他们希望抬高自己否定他人。但事与愿违，无论他们多么擅长挖苦，多么精于刻薄他人，却永远无法将自己放开。

7. 辛辣讽刺型

这类人的知识丰富、言辞刻薄而尖酸，对人情事理理解得深刻而透彻。他们天生懂得嘲弄而且对生活的观察十分细致，视角独特。他们有能力把弥漫在社会和生活中的弊端活灵活现地表现出来。但更重要的是，这么做是他们内心深处道德愤慨的表现。作为一个理想主义者，他们宁愿通过重点式的夸大和讽刺为改变而战，也不愿闷着怨天尤人。通常这类人接受新生事物的反应和能力都极佳。针对他人的能力，他们往往都能居高临下，做一个批判者。

闻声辨人心

一般来说，声音与说话者当时的心理活动关系密切。曾国藩曾经说过："人之声音，犹天地气，轻清上浮，重浊下坠。始于丹田，发于喉，转于舌，辨于齿，出于唇，实与五音相配。取其自成家，不必一一合调。闻声相思，其人斯在，宁必一见决英雄哉！"

闻声辨人，喜怒哀乐是重点。欣喜之声，犹如翠竹折断，其情致清脆而悦耳；愤怒之声，犹如地轰雷，其情致豪壮而强烈；悲哀之声，犹如击破薄冰，其情致破碎而凄切；欢乐之声，犹如飞舞花，其情致宁静而轻婉。

春秋时期有一位闻声辨人的高手，就是郑国的政治家郑子产。

有一次，在他外出巡游之时，突然听到山那边传来妇女的悲沧之声。随从们面向子产，等候他的命令，准备救助，不料子产却下令立刻逮捕那位妇人。随从不敢多言，遵令而行，逮捕了那位正在丈夫新坟前哭丧的女子。人生有三大悲：少年丧父、中年丧夫、老年丧子，可见该女子的可怜。以郑子产的英明，对此女动粗是不对的，其中缘由，正是因为郑子产的闻声辨人之术。郑子产事后解释说，那妇女的哭声，没有哀伤之情，反而有恐惧的意味，故疑其中有诈。审问的结果，果然是该女子与人私通，谋害了亲夫。

《礼记·乐礼》云："凡音之起，由人心生也。人心之动，物使之然也。感于物而动，故形于声。声相应，故生变。"通过声音就能感知事物，人的声音随着内心的变化而变化，因此说："心气之征，则声变是也。"

大多情况下，声音平和，则内心宁静；声音清亮和畅，则内心畅达；声音偏向激越，则内心渐趋兴盛；声音迟缓低沉，则内心消极郁闷；声音沙哑浑浊，则内心紧张不安；声音清脆而节奏分明，则内心诚恳坦然；声音如细水长流，则内心宽宏大量。

声音历来被古人作为考察人心的一个重要组成部分，在深入观察和研究的基础上，按照五行原理，把声音分为：

金声：指的是圆润悦耳

木声：指的是顺畅响亮

水声：指的是缓急不定

火声：指的是焦灼暴躁

土声：指的是厚实沉稳

人的声音，由于先天和后天的环境不同而相异。声音不仅在一定程度上反映着一个人的健康状况，而且还在一定程度上展现着一个人的文化品格：雅与俗、智与愚、贵与贱、富与贫等。

声音沉稳厚重、韵致远响，这是肾水充沛的表现，由此可知其人身体健壮，能胜福贵。

声音低粗而音域很广的人一般能够有所作为，较现实，成熟潇洒且适应力强。

声音沙哑的人，一般性格较粗。

声音洪亮有穿透力的人，精力充沛，有较强的艺术家气质，有情趣、热情。

说话时叽叽嘎嘎、声音很高的人，具有小孩的个性，是不知醒悟的人。

说话时声音好像被压抑住似的人，通常喜欢挖苦他人，不管对待何种事物，均不会由正面去观察。

讲话时声音有点低、口沫横飞的人，精力过剩，好浪漫。他们看重外表，爱好名声，同时还喜欢矫揉造作。

爱带尾音的人，有高昂的精神，若是男子，则有点偏女性化，拥有艺术家的气质。

发于喉头、止于舌齿之间的根基浅薄的声音，会给人留下虚弱颓废之感，显得中气不足，这也是一个人精神不振、身体虚弱、缺乏信心的表现。

男性高音者，为人和善，心肠好；女性高音者比较感性，大多拥有浪漫的情结，是恋爱至上者。

男中音的人个性比较冷酷，慎重务实；而女中音有情调热情。男中音与女中音有相互排斥的倾向。

男性声音较低者大都是人格圆满之人。他们头脑清晰，虽然不太具有男子汉气概，却非常诚实，不会拉帮结派。女性声音较低者讲求技术，是能够掌控对方心理活动的现代型人物。

话题暴露他人真意

平常在与人交流时，语言是最重要的方式。如果想要把某件事情阐述清楚，那么就得围绕着这件事情展开，这就是所谓的话题。

在与人交谈时，有些人经常谈论自己，包括曾经的经历、自我的个性、对外界事物的看法、态度和意见等。这类人的性格比较外向，感情鲜明而且强烈，主观意识较浓厚，爱表现和公开自己，但虚荣心也强，他们渴望自己能够成为众人的焦点。

不论谈论什么话题，都会不由自主地把金钱扯入话题之人，往往缺乏梦想。而这个缺乏梦想的缺点，极有可能损伤其人格。他们太过于倾向现实主义，只知道赚大钱是自己人生唯一的梦想，却忽视了人生中的其他东西。他们心中潜伏着强烈的不安全感，并试图用金钱去驱走这种感觉，却往往不能如愿，反而使自己变得更加空虚。在交谈时满腹牢骚、抱怨一切，多属于好完美的一类人。他们自信，凡事要求高水平、高理想，并时时在脑海中描绘完美的蓝图，由于达不到理想便开始发牢骚。他们成天沉迷于虚幻的世界中，对现实世界中的问题则以回避的态度漠视。生活中有些人极想要探听对方的情况，就不停地打听对方的消息，这是有意了解对方的缺点、期待能进一步控制对方的意思。他们对他人的消息传闻极其感兴趣，这类人在现实生活中很难获得真正的友谊，所以他们内心极其孤独。有些人不在乎别人的谈话，而喜欢扯出与主题毫不相干的话题，这类人的支配欲和自我表现欲都极强。年轻男性喜欢在女孩子面前谈及有关车的话题。从心理学角度来说，他们内心潜伏着一种谈论性方面问题的渴望。对性问题极端避免谈论，有时候对于性问题反而怀着浓厚的兴趣和关心。

极爱畅想将来之人也是一个爱幻想之人。这类人有的能将幻想付诸行动，有的却不能。前者看重计划和发展，脚踏实地地去做，很可能会取得一番成就；后者只是停留在口头上，最终多会一事无成。

幽默与自嘲的心态好

从古至今，幽默作为一门语言艺术，一直被人认为只有聪明人才能驾驭，而自嘲则是幽默的最高境界。

人际交往中，处于尴尬的情境时，用自嘲来对付窘境，不仅能很容易给自己找个台阶下，还往往会产生幽默的效果。因此，它也是一种很高明的脱身手段。

自嘲只有自信者才敢使用，因为它需要自己对自己"揭短儿"。也就是要拿自身韵缺点甚至生理缺陷来"开涮"，对于自己不是遮掩、躲避，反而是把它放大、夸张、剖析，然后利用巧妙的引申发挥来自圆其说，使大家一笑置之。一般来说，没有豁达、乐观、超脱、调侃的心态和宽大胸怀的人，是办不到的。

自嘲是最安全的方法，因为不会伤害旁人。你可用它来活跃谈话气氛、消除紧张；在尴尬中自找台阶，保住面子；在公共场合获得人情味；在特殊情形下含沙射影，教训一下无理取闹之人。

抗战胜利后，张大千先生要从上海返回四川老家。临行前好友为他设宴饯行，并邀梅兰芳等人作陪。宴会伊始，张大千被邀首席而坐。张大千就说："梅先生是君子，应坐首席。我是小人，应陪末席。"梅兰芳和众人都不明其意。于是张大千解释说："有句话'君子动口，小人动手'嘛！梅先生用口唱戏而我动手作画，理应请梅先生上座。"满堂来宾为之大笑，并请他俩并排坐于首席。张大千自嘲为小人，看似自贬，然而"醉翁之意不在酒"，既体现了张大千的豁达胸怀，又创造了宽松和谐的交谈氛围。

在社交中，当你身陷尴尬处境之时，借助自嘲往往能使你从中体面地脱身。在某俱乐部举行的一次招待会上，服务员不慎将啤酒洒到一位秃头的宾客头上。服务员吓得手足无措，全场人目瞪口呆。这位宾客却微笑着说："老弟，这种治疗方法是无效的。"在场的人闻声大笑，尴尬局面瞬间化解。这位宾客通过自嘲，既展示了自己的宽广胸怀，又维护了自我尊严，消除了耻辱感。

由此可见，恰到好处地自嘲，是一种良好的修养、一种充满魅力的交际技巧。自嘲，能制造宽松和谐的交谈氛围，能使自己活得更加轻松与洒脱，使人感受到你的可爱和人情味，有时还能更有效地维护面子，构建起新的心理平衡。

以前有个姓石的学士，有一次，他骑驴不慎摔在地上，一般人一定会不知所措，可这位石学士泰然自若地站起来说："幸好我是石学士，若是瓦的，还不得摔成碎片？"一句话，引得在场的人开怀大笑，自然这石学士也在笑声中化解了自己的难堪。

由此可见，对自己的某个缺点猛烈开火，自嘲容易妙趣横生。单就这份气度和勇气，别人也不会让你孤独自笑，一般会陪你笑上几声的。

一般来讲，在人际交往的过程中，知名人士在与他人打交道时，很容易让人感到他们的架子很大。不过，也可能是因为他们的紧张和压力引起的，或者是这些人还没有摸到与普通人相处的窍门。不过，此时若能拿自己开涮，就可以很好地缓解他人的压力，还能让众人觉得你很有人情味，和普通人一样，从而让他人的心里更加舒坦。

这样的例子举不胜举，比如一些相声演员、笑星或节目主持人就常以此举赢得观众的好评。其实，在生活中能做到这点的也不乏其人。

不过，需搞清楚的是，自嘲并不是自我辱骂，也不是出自己的丑，因此在运用时要把握好分寸。力求个性化、形象性并学会适当的自嘲，往往可以让自己的话语变得妙趣横生。幽默力量能认同幽默的事物。因此真正伟大的人物不仅会笑自己，也会鼓励他人一起笑。

其实生活中不管你是知名人士还是默默无闻者，自嘲都能让你备受欢迎。大人物因自嘲可减轻妒意获得好名声，小人物可以苦中作乐，甚至可能因此一夜成名。

"我小的时候长得很丑，"幽默家兼演员、导演于一身的伍迪·艾伦说，"我是到长大以后才有这副面孔的。"笑自己的缺陷和干得不好的事情，都会使你变得人性化。如果你碰巧长得英俊或美丽，不妨换成你其他的不是，如果你认为自己真的没有什么缺点也不妨虚构一个。

如果你的特点、能力或成就引起了他人的妒忌和惧怕，那么，你可以试着去改变这些不好的看去。例如，你可以说一句妙语："人无完人，我就是最好的例子。"你以取笑自己来和他人一起笑，会尊得他人的喜欢和尊敬，甚至敬佩你，因为你的幽默力量证明你也有人情味。有这样一个故事：一个人对客人夸耀自己的财富："我家无所不有。"他伸出两个指头说："我所缺少的就只有太阳和月亮了。"他还未说完，家里仆人就出来说："厨房木柴已用完。"这人又多伸出一个指头，说："缺少太阳、月亮和木柴。"

小故事中的主人借自己的尴尬困境来自嘲，使得自己潇洒地从尴尬境地中解脱出来，这不仅展示了他的豁达，更表明了他良好的心态。

"我喜欢你"导致"我了解你"，进而"我相信你"。于是，你最后应做的就是信任。当别人信任你时，你就能影响他们，使他们鞭策自己去探知他们的潜能。这也正是我们在与人沟通和积极向上时的终极目标。

还有，豁达也是幽默中蕴涵着的一种重要品质。遇事乐观，即使身陷囹圄也能看到希望，而不是整天对天长叹，愁眉不展，其宝贵的思维模式是"大不了就……"而不是过分认真、斤斤计较。多想自己不足，经常自我嘲笑，这是豁达。

说话语速传达性格密码

一般来说，一个心理健康、感情丰富的人会因环境的不同而产生不同的语速。同时，语言作为一套很复杂的音义结合系统，是一个特别的装置也是用于思想交流的工具。人在说话的过程中，心理、感情和态度也蕴涵其中。

在日常工作生活中，每个人的说话方式、语言速度都带有自己的特色。有些人天生属于慢性子，讲话慢条斯理，再急的事情，都带有自己的特色来叙述给别人听。有些人是急脾气，说话就像打机关枪，嘟嘟地说个不停，容不得旁人有插嘴的机会。然而大多数人却处于两者之间，说话语速属于中速。这些性格特征，是客观存在而且具有长期性。

现实的工作生活中，我们可以更微妙地领略语速中各种复杂心理的多变性的形成。我们可以在交谈时，从一个人的语速快慢对这些人当时的心理状态有一个很好的判断。

就大多数情况而言，讲话速度非常快的人，比较精明，性格偏外向，多为张扬型。这类人口若悬河，善于采用多变化的声音顿挫，且能说善道，想到什么就说什么。当对方与别人交往时，他们就会随声附和地说："就是这样……就是这样……"

这类人表达和他们相同的意见时，只要彼此交谈，他们的性格便会显得更加鲜明。因此，话说到投机处，就会越发滔滔不绝地继续下个话题，好像有取之不尽的"话源"似的。有时话题变得零零碎碎，没有很多的关联性，他们仍会说个不停。

一般来说，为人厚道、性格内向的人讲话时速度会很慢。这类人常会无意识地与对方保持一定的距离，而且还会用封闭式的姿势，那意味着"我不希望对方知道我的心事"以及"不想初次相见就看穿我心中所想"，当然，也就会有所保留地说话。

内向型的人对他人怀有强烈的警戒心，而且认为让对方了解自己过多是没必要的。但是他们的内心却很温和，害怕自己的话会伤害到别人，总是经过慎重的考虑之后才开口说话，同时还担心自己的话会引起别人的敌意。

因为胆怯又容易受到伤害，而且过分担心出错或承受失败，唯有使语速变慢下来以不断地调整思维、心态，也许他们觉得这是最安全的说话方式。会议上的发言也是如此，因为他们就像自言自语，甚至会欲言又止，不会积极主动地提出自己的建议，声音很小，而且语速缓慢。说话时，往往不是直言不讳，总是喜欢绕圈子，听的人也会感到焦躁不安。这类人即便是被问到也不会有确切的回应，态度优柔寡断，让人觉得索然无味。

同时，语速还是一个人说话时心理状况的微妙反映。只要平时我们对别人的语速稍加留意一下，对方内心的变化就会很容易被发现。如果一个人平时伶牙俐齿、口若悬河，当他面对某个人时，却突然变得吞吞吐吐、反应迟钝。在这个时候一定有事情没有和对方讲，或者做了亏心事，显得很没底气。

然而，当有些人遇到言语犀利、见解独到、语气咄咄逼人的时候，或缄口沉默，或支吾其词，一副笨嘴拙舌、口讷语迟的样子，很可能这个人心里感到自卑和害怕，对自己没有信心，也可能被对方一语击中，一时难以反驳。出现此类窘境，会对自身能力的发挥有阻碍，也使对方气焰大增。

另外，控制语速可以调节心气。美国经营心理学家欧廉·尤里斯教授曾提出过令人心境平和的原则是："首先降低声音，继而放慢语速，最后向前挺直胸。"降低声音，因为声音是自身的感情的催化剂，从而冲动时会表现得更加强烈，造成不应有的后果。放慢语速，因为个人感情被掺入进来，语速就会随之变快，说话音调变高，容易引起冲动。因为情绪激动、语调激烈的人通常都是胸前倾，一旦胸都挺直，紧张的气氛也被淡化；而当身体前倾时，把自己的脸向对方靠近，这种讲话姿势为他人营造的是紧张的氛围，这样只会徒增愤怒。

通过语气寻找内心想法

无论你在哪个地方讲话，都要采用相应的语言，心情要控制好，这样才能处理好关系。因此，语言的表达和语气密切相关，而语气比语言更带有个人感情色彩。一个人的心态和精神状况，对语气说表达的感情色彩浓淡有直接影响。谈话者会下意识地通过对发音器官的控制和使用，使语气有所不同。所以，从人们下意识所带出的语气能透视出一个人的性格特点和内心想法。

1. 高声者大气

他们通常都是比较粗犷和豪爽的性格。他们脾气暴躁易怒，易激动，为人耿直、真诚、热情，说话直言不讳，有什么就说什么，从来不会拐弯抹角。这一类型的人多容不得自己受一点点委屈，她们会据理力争，直到真相大白。他们有时会在紧急情况下充当先锋，起到召唤、鼓动的作用，但有但有时候也会在不知不觉中被人利用。

2. 坚强者刚毅

这类人多固有原则，秉持公正，是非分明。可因为过于强烈的原则性让人觉得没有商量的余地，而显得不善变通、太过执拗。不过，他们还是会因秉持公正而得到别人的尊敬。他们在谈论他人的价值时，不会掺杂进自己的个人恩怨，能够做到公正无私。

3. 严厉者尖锐

这类人讲话犀利，善于争辩。谈话时，他们一旦抓住对方讲话的"小辫子"就会不留情面地攻打击，让对方哑口无言。但因为过于着急地想找出对方弱点，他们往往忽略从总体上把握问题的关键，从而因小失大。

4. 深沉者凝重

这类人才华横溢、言辞隽永，对人情世故有深刻而准确的理解，具有很强的责任意识，比较可靠。但因为复杂的人际关系，这类人常不会受到重用，抱负难以施展。

5. 和气者柔声

大多此类型的男性忠实厚道、胸怀宽广，有一定的宽容和忍耐力，能够广泛听取他人的意见和建议，但同时又有自己独到的见解。他们具有同情心，常关心和谅解他人。而大多此类型的女性比较温柔善良、善解人意，但有时候因多愁善感而会被看成软弱的代表。

6. 平畅者温顺

这类人语速平缓，性格温顺，与世无争，人缘较好。但由于天性温和软弱，而使自己长期处于胆小怕事的境地，喜欢躲避外界的事物。如果他们能遇上一个肯提携自己的人，在背后推他们一把，教导他们变得更加勇敢，那么，他们就会成为一个刚柔并济的人物，会有一番惊天动地的成就。

7. 细气者轻声

这类人为人处世较小心谨慎，他们具备较强的文化修养，谈吐优雅，而且总是给人以谦逊的感觉。一般情况下，他们对他人都很尊重，所以反过来他们也会得到他人的尊重。他们很大度，从不刻意地为难、责怪他人。而是喜欢尝试各种途径，不断地缩短与他人之间的距离，以防止一些不必要的麻烦产生。

此外，说话语气平稳是正直性格的人；说话有气无力，语气含糊不清，是内向胆小的人：说话语气抑扬顿挫，像唱歌一样，是浪漫主义的幻想家；说话语气很冲，声音很大，是任性的人；语气低沉说话时从牙缝深处出声，是小心怀疑的人；语气音色没有规律，是性格轻率的人。

谈话特征告诉你他人心理

大多数情况下，一个人的谈话特征是这个人本性的反映。

1. 出口没有多余的话

这类人虽然句句出口成章，但句句无赘词，交谈中总占据话题中心。这种人并不多见，他们不会胡乱批评别人，出口的废话很少。通常情况下，这类人头脑灵活，具有较强的工作能力。

2. 经常边说边笑的人

喜欢边说边笑的这类人性格多开朗大方，对生活并没有苛刻的要求，很注意"知足常乐"。而且，他们极有人情味，有极好的人缘，这是他们开拓自己的事业具有的极好条件。可惜这类人大多喜好平静的生活，缺少积极向上的精神，否则他们可以得到世界上更多的东西。感情专一是他们的另一特点，非常珍惜爱情和婚姻，对自己最心爱的人他们会牺牲所有。

3. 讲话不正视别人

相对而坐时，不看着对方的眼睛，低着头听对方讲，偶尔抬起眼睛看一下对方，但是很快又低下了头，大多数会发生这种情况的人都是女性。这类人一般比较胆小，做事缺少魄力，没有持久力，没有活力。这类人还有一种明显的特征，那就是意志不坚定，容易随波逐流。

4. 频繁转移视线

与别人交谈时，表面上看起来不重视对方，其实他在暗暗地观察对方，盘算如何还击。假设这种移开视线的动作是在交谈的过程中发生的，那就表示听者觉得疲惫，没有继续听下去的想法。如若遇到这种情况，你应趁早终止谈话，定好时间再聊。而且双方在交谈时，视线难免会相遇，如果对方在此时急忙躲闪，那就该做下面的判断：听者的心里有难言之隐，或是有意隐瞒什么；急急避开视线，表示害怕你察觉到他的心事；或者是听者的性格懦弱，不敢直视对方等。当双方的视线相碰的时候，勇敢注视对方的这类人大多是刚强正直的人，以诚待人，不会耍弄诡计，意志和自尊心很强。

5. 说话时一直盯着对方

这类人有较强的支配欲望，而多数情况下他们确实有自己的优势。因此，只要有机会，他们便会向别人展示自己。通常这类人具有良好的人际关系，而且只要定下目标就一定会努力去完成它。

6. 说话时喜欢摸鼻子的人

这种做法很常见，可能是由捂嘴巴的动作转变而来。有些人会无意识地轻轻刮一下鼻子下方，有些人用非常不明显的动作快速地碰一下鼻子。有这类动作的人通常是为了掩饰内心的慌乱，或是想要对方的注意力有所转移。

7. 谈话时情绪低落、身体疲惫、精神萎靡不振

一看就知道面色不好，说起话来唉声叹气，好像快要遇到世界末日一样，希望都失去了。这类人外在特点为：沮丧疲累、精神不振。拥有这种表现的人，可以定为对自己早就失去了信心。这类人常常是自寻苦恼，尽是为一些烦琐的小事而每天忧心忡忡。并且由于对自己失去了信心，并缺乏理智的判断力，工作生活混乱不堪。上面交代好的事情，总是无法如期完成，即使如期完成，也会有很多的缺陷，还必须要大部分地修改。

8. 频繁眨眼

交谈中不断地眨眼，一般都是有同情心的人，能认真听别人说话，尽其所能地去帮助别人。如果在谈话中，眼珠滴溜

溜地转动不停，而且成为一种习惯，这类人不能够集中精神听讲，而且他们的心情明暗不定，听不出对方话中的意思。如果在交谈的时候，目不转睛地盯住对方，这类人是想让他的主张、意见得到他人的赞同，而且对自己的信心十足，对所谈之事寄予厚望。

9. 说话时腿脚晃动的人

有些人总喜欢用腿或者脚尖让整个腿部颤动起来，有时候还用脚尖磕打脚尖或者以脚掌去拍打地面，但习惯者总是不以为意。这类人最明显的表现是自私，很少为他人着想，凡事从利己出发，尤其是对自己的另一半的占有欲超强，经常会无缘无故地制造一些"醋海风波"，从这点来看说他们有"神经质"并不为过，他们对别人很吝啬，对自己却很知足。

10. 自己暴露优点和缺点

一般人都不会把自己的长短之处露在外面，并唠叨个不停。可是，世上就有冲着别人猛说自己长短的人。从心理学上来讲，大多数诚实的人，绝不会动不动就掀开自己的"底牌"，让别人瞧个够。而轻易地就把自己的长处和短处公之于众，一般人都不屑这样做。这类人做事向来没有原则，很容易见异思迁，也要留心他们对上司、公司的忠诚度。而且这类人的心胸狭窄，常因一些小事与他人吵得不可开交。

11. 朝上的下巴

一般人谈话时极少"下巴朝上"。因为，这个动作代表侮蔑、轻视人。下巴缩紧，给人的印象是坚毅不屈。交谈中下巴经常朝上，就表明会出现以下的可能性：情绪不宁，没有定力，是有意表示自己和对方应平等对待；全然瞧不起对方，这类人能力一般；如果有时会有这样的动作，可以称为"热衷于交谈"。

12. 到处炫耀

只是完成了一件小事他们却以为功劳奇大，逢人便说。或是拿它来压人，摆出不可一世的傲态——这类人喜欢受到他人的奉承，难以成大器。再加上具有极强的虚荣心，毫无责任意识。

用打招呼时的特征分析他人心理

如果你在大街上走着，忽然看到前方出现一位自己的老熟人，你接下来会做什么？你选择上前和他打招呼，还是避开他，换一条道走开。

其实，生活中与人交往，打招呼后给人留的印象，直接影响他人对你的评判。有时候，即使是看上去简单的打招呼，也是我们了解别人内心的大好时机。

1. 见面握手时体现的心理特征

用力与对方握手的这类人，性格具有主动性。握手的时候，无力地握住对方的手，表示此人有气无力，性格比较软弱。无论是舞会还是公共场合，频频与生人握手打招呼者，即表示此人有非常旺盛的自我表现欲。握手的时候，掌心出汗的人，大多数是因为情绪激动，内心失去平衡。握手的时候，如果视线一直不离开对方，其目的是要使对方心里有挫败感。

2. 和对方面对面也总是不打招呼的人

走到对面也不打招呼的人，如果面对的是同学或同事，他们仍不打招呼问好，说明他们非常孤僻，而且极为清高。这类人在工作与学习当中经常是孤军奋战，虽然勤奋，可往往收到的结果并不是很好。还有一种情况是他们非常繁忙，连走路也没有时间思考。有时候遇到熟人，仓促间忘记对方的名字了，只好把头一低继续赶路。

3. 喜欢转移目光的人

这类人胆小怕事，害怕见到陌生人和进入陌生的环境，且自卑感很强，为人处世没有自信，优柔寡断。他们喜欢轻松、诙谐的打招呼方式，这样恐惧、紧张和防备的心理也就会消失，以便继续顺利交往下去。

4. 喜欢与对方目光正面相对的人

直视对方的人在与人相处时常带有攻击的动力，想通过打招呼来探对方虚实，并暗自思量如何让对方甘拜下风，使自己的气势胜过对方，同时，也表示对别人的戒心和防卫之心。与这类人打交道要讲究策略，首要准备是把自己保护好，不轻易暴露自己的劣势，否则将被对方看轻，随后，伺机而动。

5. 女孩喜欢放"烟幕弹"

女孩子对异性产生好感的时候，常不会直视对方，即使与对方撞在一起，她们也会迅速转移自己的视线。这时她们其实只是放了一种烟幕弹，是在用反其道而行之的方法。

6. 喜欢后退的人

打招呼时，会故意向后退步的人，或许自以为是礼貌或是谦让。但别人却会认为他们是有意拒绝自己，刻意保持距离。之所似出现有意识地后退的现象，也许是由于他们的防卫和警戒心理，与人相处的顾忌、恐惧等。或者想通过这种让步空间的方式表达谦虚，进而促进或加深交往关系。

7. 喜欢另辟蹊径的人

这类人很远的距离遇见熟人，不但不上前去打招呼，反而向左或向右走去，甚至转身往回走。出现这种情况是因为心虚，他们肯定有事瞒着对方。还有一种原因是那个熟人令他厌恶透顶，一点也不想搭理对方，甚至对方从旁边经过也如此。

第七章
真诚所至撼人心

说话要打动人家的心弦

一个人只要真诚，总要打动人的。

1952年，美国前总统尼克松曾在政治上出现严重的危机，当年他是年轻的参议员，艾森豪威尔将他作为竞选伙伴。当他为竞选奔忙时，忽然《纽约时报》抛出抨击他在竞选中秘密受贿的文章。新闻飞遍全国，顿时舆论大哗，压力越来越大。使他化险为夷的奇迹出现，是他做了一次震撼美国的演说。

尼克松被迫在电台发表半小时讲话。全国64家电视台、754家电台将各种镜头、话筒都对准了尼克松。当尼克松在电视屏幕上出现时，整个美国都安静下来了。他采取了一个罕见的行动，把自己的财务史全部公开，从自己的家产，一直谈到他的欠债。这样，尼克松首先得到了听众的同情。紧接着，他详细说明自己的经济收入情况，连如何花掉每一分都告诉听众。他还告诉大家，"这次竞选提名之后，确实收到一件礼物，这就是得克萨斯州有人送给我孩子的一只小狗。"当他讲完时，到处都响彻欢呼声。有100万人打电话、电报或寄出信件，从邮局汇来的小额捐款达6万美元，全国听、看这次演讲的竟达6000万人。演讲使事实得以澄清，还得到了大批的同情者。

情深，则可以惊心动魄。尼克松的话，就是以真诚和朴实赢得了大众之心。

说话，是一个传递信息的过程。因此，提高自己的语言表达能力，把话说好，不仅在于说话者本人能否准确、流畅地表达自己的思想，而且还在于你所表达的思想、信息，能否为听众所接受并产生共鸣。也就是说，把话说好，关键在于说话能否打动人家的心弦。

美国著名的哲学家鲁姆斯曾经说过："人类天性的至深本质就是渴求为人所重视。"从某种意义来说，人类正是凭着寻求自尊的激情，才造就了古往今来的千千万万的丰功伟绩，从古老的长城，到现代的宇宙飞船。

我们与人说话，要想收到"心有灵犀一点通"的效果，就要理解人们的合理需要，爱护人们的自尊心，要做到这一点，我们在谈话的时候就要经常注意"转换角度"，即善于"站到对方的立场上，从对方的观点来观察问题，如同用你的观点一样"。

然而，如果在社交活动中不能根据交际对象的心理，选择恰当的语言形式，挫伤了他人的自尊心，后果将又如何呢？

电视连续剧《钟鼓楼》里的詹丽颖，她心地善良，待人热情，常常给人以最无私的帮助，可是周围的人却对她反感，厌恶她。这是为什么呢？原来詹丽颖在社会交往中违背了语言交际所应该遵循的原则。所以，虽然她主观愿望很好，结果却往往适得其反，事与愿违。

熟人、同事、朋友之间为增进友谊而交际，说话"随便"一点儿本无可非议。但是，这种"随便"应该掌握一定的分寸，应该有一个限度，因为每个人心灵中都有自己神秘一隅，交谈时，应该照顾对方的自尊，以免使人陷入难堪的境地。詹丽颖却完全不考虑这些，她对一位因发胖而羞赧的女同事高声宣布："哟，你又长膘啦？你爱人净弄什么给你吃，把你喂得这么肥啊？"发出这一串语言信号时，詹丽颖本没有丝毫恶意，可是，这些话语无疑激起了对方的反感，以至于恼怒，使双方原本亲密的感情发生裂变，不仅达不到亲近的交际目的，而且极大地拉开了双方的心理距离。

失去丈夫是件最不幸的事。一位女同志刚刚死了丈夫，正处在悲痛之中，詹丽颖却极热情地邀请人家去看外国喜剧影片。她嘻嘻地说："装什么假正经哟！谁不想开开心，乐一乐。"这种亲近别人的言谈方式，无论如何是令人难以接受的，它无情地破坏了对方的心理平衡。

大家也许都有这样的生活体验，生活中往往出现这样的情况，有的人在行为上、物质上热心地帮助了别人，但由于在特定场合下措辞不当，使对方的感激之情烟消云散，化为乌有，詹丽颖就是这种人。比如，她给一位新娘子买了一枚精巧的胸针，对方十分感谢，她却这样议论人家衣着："哎呀，你这身西服剪裁得真不错，可就是颜色嘛——跟你里头的衬衫太不协调！干吗非这么桃红柳绿地搭配？该有点中间过渡色的东西点缀点缀，平衡一下才好。"人们在办喜事时，总喜欢听些吉利话，新娘子爱美爱漂亮，为参加婚礼曾精心打扮过，她却说人家"桃红柳绿"。因此，尽管詹丽颖的行动使交际对象感动，可是她的言谈却给对方增添了不快。由此可以看出，帮助别人时，应该多行动，少言语。詹丽颖不了解这种情理，所以没有收到预期的交际效果。

詹丽颖的言行，为我们探索语言交际规律提供了反面教材，我们在语言交际过程中应引以为戒。

不伤感情地批评人

同志式的善意的批评，则是对人的一种最好的帮助，所谓良药苦口利于病，忠言逆耳利于行，就是讲的这种批评，这是必须欢迎而不应当拒绝的

我们在日常生活中，常常把"心直口快"当作一个人的美德来表扬，其实这是片面的。如果就批评的方法而言，这应该说是缺点。它只凭自己的主观看法说个痛快，却不顾客观效果，往往是起不到作用的。尤其是批评人的时候，更难令人口服心服。

怎样才能做到批评使人口服心服？批评时该说些什么？又该怎么说呢？这其实涉及批评的内容及批评的方式。

首先谈谈批评的内容：

1. 批评要有针对性

批评之前认清批评是针对哪一种行为的，不要把话说得太

笼统，避免使对方无端受到冤枉或产生猜疑。如某大学的一名班干部批评_位同学，可有两种说法：①你怎么一点也不关心集体。②你已经有两个月没做值日生了。我们可以比较一下，这两个都是批评句子。第①句说得太笼统，而且把对方说得一无是处，全盘否定人。失之笼统，也就不够确切了。对方可举例反驳"我怎么一点也不关心集体，上次秋游活动我不也参加了吗？那天班级拔河比赛，我不也在啦啦队里吗？"这样一来，就会引起新的矛盾。第②句就比较好，没有用"一点也"这样绝对的话，就事论事，向对方指出一件确有其事，又是不应该的行为。受批评的人不认为是受了不公平的攻击，就容易心平气和地接纳意见。

2. 衡量改正的可能性

如果在公共汽车上有人踩了你一脚；如果你的未满10岁的女儿把饭碗打破了，这些事应不应批评？这些事都不能动辄批评。别人踩了你，是因为公共汽车太拥挤；女儿打破碗是因为不小心，而应采取宽容、安慰的办法。

认清了要批评的那件事，在批评之前还必须衡量一下对方是否有能力、有条件，改正到你所要求的程度，也包括是否有了这个觉悟程度。

美国著名职业篮球明星巴利，他的个人篮球技术是非常出众的，但他对别人的失误就缺乏耐力，见同伴失了一个球，就怒气冲冲地冲着对方说："每次都是你，害得我们输了球。"凡与巴利同队一起打球的人，都觉得他"老是在批评别人，像一位完人一样看不惯别人"。最后，巴利众叛亲离，凄凉地隐退了。巴利这种批评是不明智的，倒是他应该自问；"我是不是也有责任？何况人家已尽了力，怎么能拿他当出气筒呢？"

这样一问，就会知道自己批评不妥，以后遇到这种情况，批评的话就不会冲口而出了。

3. 指出"错"时，也指明"对"

大多数的批评者，往往是把重点放在指出对方"错"的地方，但却不能清楚指明"对"的应怎么做。必须仔细想过后，才能明白你究竟要对方怎样做，该怎么把话说出来。有的人批评人家说："你非这样不可吗？"这是一句废话，因为没有实际内容，只是纯粹表示个人不满意。又如一位丈夫埋怨妻子说："家里一团糟，又有客人要来，你怎么只管坐在那儿化妆？"这种话也不会起作用，它只说了一半。到底期望妻子怎样做，一句也没有提。应该这样说："客人要来了，你帮我去买点青菜和水果，然后将客厅里的报纸收拾一下好吗？"

说明要求人应做的事，其实是指示对方改正的方向，让对方从另一个角度来看批评的内容。一位车间主任批评一位青年工人说："你最近比较散漫。"青工听了手足无措，并不清楚。车间主任该说清楚是指上班迟到，还是没有参加学习或是其他。

另外，为提高批评的效率，应该"不说我们不满意的，只说我们赞成的"，这样往往可以起到积极的作用。例如，一位刚刚搬到新宿舍区的青年人向居委会的主任提意见，抱怨这儿摩托车保管站的服务态度真差劲。这位主任及时地把意见转告了保管站的保管员。几天以后，这位青年人又送摩托车到保管站保管，保管员笑脸迎接，主动把他的摩托车安放好，还问他还有什么要求，使这位青年大为感动，事后他才知道，居委会主任向保管员说："新来的青年人对你的服务特别满意，还要感谢你。"秘密就是这样。

"真正懂得批评的人着重的是'正',而不是'误'。"
让大家记住英国18世纪著名评论家约瑟·亚迪森的这句名言。

4. "你懂得我的意思吗?"

批评人的话语,一定要让受批评者听懂,否则只是对牛弹琴。常常听到夫妻俩之间的埋怨:"我们俩总合不到一块儿。"这句最普通的埋怨话,可能被对方误认为是要"离婚"。

如果要求证对方是否听懂你的意思,最简便的法子就是问一问:"你懂我的意思吗?"然后听听对方口中说出来的是否是你的本意。可惜大多数人常常忽略这一点。问一问对方是否同意你的看法,也是批评别人时可以采取的沟通方式之一。能开口问,起码排除了对方沉默、生闷气的可能,如能坦然地提出异议,解决问题就有希望了。因为能明白对方还有哪些问题未想通,或自己有什么讲得不准确的,可以做深层次的探讨。

其次,确定要说的内容后,方式就是关键。

到底怎么说呢?高尔基曾说过,开头一句是最困难的。它好像在音乐里给了全篇作品以音调,往往费很长时间才能找到它。大作家虽然是在讲文学创作问题,其实批评人也如此。这"费很长时间"中的一点,就是要用心想一下,你是不是以最易于让他接受的方式来表达自己意见。

(1)别忘了用"我"字。可以这样说,任何人受到别人批评的时候,都会多少有一点不高兴,同时产生一种抗拒心理,更不用说有感激心情。矛盾的是,虽然不愿听批评,却又总是希望自己批评别人时,别人能全部接受,"我这样说是为了你好呀"。其实,这种表达"善意"的方式是极不高明的。

因为,批评的内容,是不是对,是不是全对,是一个问题,它带有某种主观评价的性质,而这一点又以某种信息和看法作评判标准。例如，一位女工对某工友说："你这套时装，过时了，真难看。"这不过是主观意见，别人未必有相同的结论。

因此，批评人不能用斩钉截铁的语气，对于肯定的语气使人难以接受，易于产生逆反心理，人家一听就会采取自卫的态度。

正确的表达方式，应当只表明你说的话是个人看法，并不见得是绝对事实，仅作为提供对方参考。这样，人家比较能听得入耳，甚至有兴趣了解一下你为什么会有此看法。有了这种交流，就不易陷入各持一论的争吵。

怎样才能达到这种效果呢？说话时别忘了用"我"字。那么，上面那位女工的话也就可以改为："我看你这套时装有点过时了，你说好看不好看。"用"我"字还有一个好处，既然强调自己的看法，批评者会更富责任感。

（2）要克制"我"的情绪。在批评之前你首先观察自己，你觉得自己的心情紧张吗？对对方心存不满吗？把你的感受——愤怒、埋怨、责怪、嫉妒等先清理一下是有好处的，克制不了就宁愿先不开口。出去散散步，听听音乐，或者看看电视，等冷静后再说。

有经验的批评家认为，未开口批评人之前，先检讨一下自己所持的是什么态度，是积极还是消极？如有敌意、存心找麻烦，言语之中必然反映出来。情绪不好是很难掩饰的，而这种情绪是有极强的传染力的，一旦对方感觉到这一点，立刻会激起同样的情绪，立即会抛开你的批评内容，计较起态度来。这种互为影响的情绪会把批评带入僵局。

在某大学一个寝室发生过这样一件事：学生甲早上起来洗脸，把学生乙为自己准备的热水瓶里的热水用光了。当乙同学起床后发现热水瓶已空空如也，他就责问甲为何把他的热水全用光了。可是甲却强词夺理，说自己没有用。这当然是甲的错。这时，乙的火气上来，对甲的批评不注意方式，不注意自己的情绪，骂甲是"自私自利的小人""不承认自己倒水就是偷盗行为"等等不堪入耳的话。于是，两人发生斗殴，结果两人都受了重伤。由于批评不克制"我"的情绪，使矛盾激化，造成了严重的后果。

批评者还要有一种"肚量"——容许对方发泄情绪。不仅容许，有时甚至可以协助对方发泄。人们只要"发发牢骚"，就可以得到心理宽慰。当你爱人下班，想向你讲讲在单位各种不称心的事时，你应当让她"发发牢骚"，使她心里感到舒坦些。如果你说："好了，不用说下去了，这类事我也遇到过。"这样说是不明智的，对方因吐不出苦水而积怨在心，说不定转头来就向你爆发。

（3）多为对方想一想。美国哲学家鲍威尔说过："上乘的沟通方式在于完全是善意。"你的批评既然会造成影响力，你就应该自问："我的说话方式，是不是表示我能了解对方的感受？如果我换成了他，听了这种话会有什么感觉？"如果听了会同样生气，愤愤不平，就该检查一下自己在语气措辞方面有何要修改之处。

如果你因为忙，来不及洗澡，而你爱人当着客人的面批评你不讲究卫生，你又做何感想？一般人都不愿意在这种时候这种情形被人批评，这是考虑场合问题。所以，如果不考虑场合，就达不到效果。人们通常从自己的立场出发，认为自己所做的一切都是顺乎自然的，合理的。但是脱离了自己的对象，对他们不研究、不了解，所做的就会成为无矢之的。所以，从别人角度去看问题固然很难，它需要超脱自我立场，要多为对方想一想，但却是批评者必须掌握的最重要的技能。仅此还不够，还要以同情的态度去了解对方观点的合理之处。

此外，做任何批评前都要想一想：我现在说了这句话，以后是否一定负责任。有些人"心直口快"，随口批评人家，回过头就把方才的话忘掉了；而受批评者心理上却已蒙上一层阴影，应当说，这样做是不负责任的。

假如希望批评之后能引起积极反应，必须表示自己的话是肺腑之言，并且期待对方能听取批评。

批评要指出具体事实，如果用了概括性的语言，一定要用具体事实给予解释。一位男职员这样抱怨，一次经理说他"在不该管的事情上耗费太多的时间"。男职员说："他说完这句话就走了，我不知道该怎么办，因为我不知道他的不该管的是哪些事，也不知道他要我把时间放在哪些事上。最糟的是他以后也不再提这句话了。害得我几个月都唯恐自己因工作、处事不得体而受罚。"从以上可以看出，为使你的批评产生效果，还要在批评时，设身处地地为对方想一想。

让对方说"是"不说"非"

真正精于谈话艺术者，其实是善于引导问题的人。同时又是那种善于使无意义的谈话转变方向者。这种人可算做谈话中的指挥师

有位"未来的女婿"初登"未来的丈母娘"家门时，发现这位女友家的茶杯、茶壶、碗碟等具用，都是精致的青花瓷器，

他便称赞说："这青花瓷器古朴典雅，精美极了。"一句话，引得这女友的爸爸非常高兴，他们有了共同的话题。"未来的丈人"兴致勃勃地把珍藏的各种青花瓷器——拿出来，眉飞色舞地——介绍，谈得格外投机。"未来的丈母娘"在一边打趣道："这老头，一谈起青花瓷器，就有三天三夜谈不完的话喽！"

与人交谈，切莫一开始就谈及你们意见不同的事，而须着重谈彼此相同意见的事。你们彼此追求的目的是相同的，你们唯一的差距是方法上的不同，所以一开始你就要对方回答的是"是"，而千万不能让他说出"非"来。因为假若一开始双方就彼此不合，那他就会埋下成见，如此你就算再说上千言万语，而且句句是真实的，但是别人早已存下了不良的印象，再要使他改变过来，是不大容易的。所以与人交谈，先得迎合对方的心理，使对方觉得这次交谈是商讨，而不是争辩。

道理何在呢？因为每个人都坚持自己的人格，他开头用了"非"字，即使后来他知道这"非"字是错了，然而世上有几个人能自己认错，为了他的自尊，他所说的每句话，都会坚持到底，所以我们要绝对避免，不使对方一开头就说"非"字。

要使对方多说"是"字。一个善于讲话的人，他不仅要熟练说话的技巧，同时还要揣摩听众的心理。在谈话一开始，须先吸引听众的注意力和兴趣，使他们乐于接受你的讲话，否则你一开始就引起他们的反感，那只有失败。像上面讲到的那位"未来的女婿"，他就是揣摩到了"未来丈人"喜欢青花瓷器的心理特点，投其所好，找到了共同语言，使"未来丈人"说了"是"，从而也使自己给对方留下好印象。

显然，我们从心理的角度来看，当一个人对某件事说出了"非"字，无论在心理上和生理上都比他往常说其他字要来得紧张，他全身组织——分泌腺、神经和肌肉都聚集起来，成为一种抗拒的状态，整个神经组织都准备拒绝接受；反之、一个人说"是"的时候没有收缩作用反应，反而放开准备接受。所以在开头我们若获得"是"的反应愈多，才能更易于得到对方对我们最终的提议的注意。但这一点往往被人们所忽略，因为人们有一个错误的心理，以为在开始必须与人意见相反，才显出自己的高贵与自尊，其实是最笨的想法。

在学校里师生之间、在单位里同事之间，在家庭里丈夫、妻子、儿子之间，凡在各种各样的社交场合，要是一开口就使人不快，那你得用神仙的智慧与忍耐，才能使他们改变他们已经决定的见解。所以，我们待人处世，首先要彼此融洽，言语须顾虑对方，千万不可逞一时私意，触犯对方。

某药厂的一位推销员，在推销他们厂生产的感冒药时，宣传它的疗效却从感冒病毒的种类谈起，说到感冒的类型、发病最高的季节、人的不同的体质对感冒抵抗的程度、传统疗法、全国各主要药厂生产的感冒药的各自特点、最后谈到他们厂的药品主要成分及效用……使人好像觉得上了一堂生物化学的课程。面对这位推销员，我们能说他的产品的"不是"吗？难怪他的推销效果是非常出色的。

两千年前的希腊大哲学家苏格拉底发明了一种叫"苏格拉底的辩证法"，就是以"得到对方的'是'的反应"的说明方法。他问的问题，都是得到反对者的同意，使对方不断地说着"是"，无形中把对方的"非"的观念改变了过来。

记着我们今后要告诉人家错误的时候，就要应用苏格拉底的方法，使对方多说"是"，使大家对你没有反感；你要使别人同意于你，也要在交谈中使对方时时说"是"。

诚于嘉许宽于称道

人类本性上最深的企图之一是期望被钦佩、赞美、尊重。

美国总统罗斯福任海军要职时，巧妙回答朋友打听军事机密的故事，在上面已经讲述过了。罗斯福的回答先是一个疑问句，后又是一个肯定句。疑问句"你能保密吗？"实际上是起了诱导的作用，它控制了整个对话的过程，诱导对方讲出"当然能"，再顺势说出"我也能"。婉言的拒绝，轻松幽默的情调，既表达了自己不能泄密的决心和立场，也可使对方自然而然地同意他的意见，社交效果确实良好。

如果要别人同意你的意见，用争辩或威力，或引用逻辑定理坚持你的观点，并不见得可以收到好效果。假若一个人心里对你不满或有恶感，你就不可能用宣传式的逻辑方式去感化他们。好责骂的父母、专横的丈夫和上司、长舌的妻子都应该知道，不能勉强或驱使他人同意于你，但是假如换了用温柔友善去诱导他们，却可使他们同意于你。

有一位教师陈先生，想要减低房租。他写信给房东，告诉他在租约期满后，准备迁出。实际上他并不想迁居，只希望能减低租金。但依情势来看，不会有成功希望，因为许多的房客都失败过，那房东是难以应付的。但陈先生正在学习如何待人的技术，因此他决定试验一下。房东收到信后就来看他，陈先生在门口很客气地迎接房东，充满了和善和热诚。他没有开口提及房租太高，而开始谈论他是如何地喜欢这房子，他做的是"诚于嘉许宽于称道"的工作。他恭维房东管理房舍的方法，并告诉他很愿意继续住下去，但是限于经济能力不能负担。

房东从未受过房客如此的款待和欢迎，他几乎不知如何是好。于是他开始告诉陈先生，他亦有他的困难，有一位房客曾写过十多封信给他，简直是在侮辱他。更有人曾指责他，假如房东不能增加设备，他就要取消租约。他又说："你是十分爽快的人，我乐于有你这样一位房客。"没有经过陈先生的请求，他便自动减低了租金。当他离开时，还问陈先生："有什么须要我替你装修的吗？"

假如陈先生用了别的房客的方法去减低租金，一定会遭遇到他们同样的失败，可是他用了友善、同情、欣赏、赞美的方法，使他获得了胜利。

西方有句古话说："一滴蜜比一桶毒药所捉住的苍蝇还多。"对人亦如此，你要想得到别人的同意，先要使他相信你是他的一个朋友，就如同一滴蜜吸住了他们的心，这才是达到你理想的有效方法。

增强你的说服力

用语言表达出来的真理，是人们生活中的巨大力量。

在日常生活中，到处需要说服人。人是有个性的，在任何两个人之间都充满着程度不同的差异，而且每个人都想对他人产生影响。善于劝说，使别人听从自己的意见是一种极为可贵的能力。如教育子女与人为善，和解与邻居的矛盾纠纷，同志之间统一意见和思想，等等，若能以科学的说客般的技巧去处理，是可以得到成功的。说服力是有一定技巧的，巧妙地说服并不是诡辩骗人，只是为自己的意见制造一个适当的环境，更加有效地表达意见，并使对方愉快地接受。

1. 注意仪表和谈吐

一个人的仪表如何，虽然不属说服力的本身，但要想获得说服成功，主要取决于三方面因素：一是说服人的情况；二是被说服人的情况；三是所采取的说服方式。那么，说服人是不是可信任的人，受不受人欢迎，口齿是否伶俐，声音令人听来是否悦耳，都直接影响到效果。

美国心理学家塞肯曾做过这样一个试验：他在萨诸塞州立大学里召集了68名志愿者，吩咐他们每人跟4位行人谈话，请求他们支持一个反对校内某一团体的倡议。在跟人接触前，研究人员对每位志愿者的各种情况，如外表是否漂亮，口齿是否伶俐等，都做了鉴定。试验结果发现，在相同条件下，外表漂亮、口齿伶俐者，明显比其他人容易成功。

我们在现实生活和工作中，也都会有这样的经验体会，如果前来联系工作或同我们谈事情的是一位邋邋遢遢的人，全身油渍斑斑，蓬头散发，使人见了就恶心的人，而且来者连话语也讲不清楚，你肯定难以接受他的意见。当然，这里讲的外表漂亮并不是讲要打扮得花枝招展、油头粉面，而是指要整洁、大方和潇洒。

2. 要注意听者的心情

如果你是一位街道的干部，到一新婚夫妇家请他们为街道的公益事业捐点款。可是这对夫妇正为一点小事在闹别扭，你将怎么办？

平庸的劝说者可能会直截了当地说一番大道理，而善于劝人者则会先考虑对方的处境，赢得听者的信任。劝说者如果这样对他们说："我理解你们为什么有这种感受，要是我处在你们的位置，也同样会烦恼的。小夫妻闹点别扭是平常事，过一会也就好了。"这就表示了对人的同情，赢得了对方的好感。

善劝者听见对方反对自己的话时，也会做出反应，但绝不会反驳。他会把反对的话重复一遍，承认其中的道理，再耐心陈述自己的意见。好几种研究表明：劝说时，照顾双方的意见，多注意对方的心情，比只提供单方面意见的说服力强得多。如你在上述的情况下，一进小夫妇家门就讨钱的话，一定会自讨没趣，也许还会遭到白眼冷嘲热讽。但是一旦你取得他们的好感时，他们定会解囊的。

3. 跟听众站在一起

美国纽约市立大学布理克林学院的心理学家哈斯说："一个酿酒专家也许能告诉你许多理由，为什么这一种牌子的啤酒比另一种牌子的要好。但如果你的朋友，不管他对啤酒是否在行，教你选购某种啤酒，你很可能听取他的。"

另一位心理学家莫恩搞了一个非常有趣的试验，他在加利福尼亚州一个海滩上搞了一个传播训练公司。他发现，最佳商品推销员都能模仿顾客的声调、言词，还会表现顾客的姿态的情调，甚至是能下意识地在呼吸动作上与顾客相协调，好像是一架绝妙的反馈机器，把顾客发出的每一个信号反射回去。

不仅仅是上述两个例子，从许许多多的研究结果表明，要改变别人的想法，听从你的意见，劝说者必须与听众站在一起，两者的关系越融洽，劝说的话就越容易入耳，因为人类有一个共同的天性，喜欢听自己人的话。在实际工作中，无论在工厂、农场、科研单位的领导或者工程师，如果他们不摆架子，不是凌驾于群众之上指手画脚，他就会跟工人、群众合作得天衣无缝，而且能够指挥自如了。

4. 运用经验和提供论据

我们每个人都有这样的机会，不论自己做什么事受个人的具体经验的影响要比受抽象的道理影响大得多。比如，有些制药厂请医生来推销他们的产品，当你去看病时，医生给你开这种药，你对这种药的疗药以及它的副作用有点怀疑。这时医生对你说："请放心，我也服用此药，不仅疗效好，而且无副作用。"我相信，你听了医生的话一定会放心的。

另外，如果你想提高自己主张的影响力，你就要提供有力的论据。假如你出席了你所在公司董事会的重要会议，要对贵公司一笔1000万元资金投资的可行性进行讨论。你除提出你的主张外，更重要的是要提供切实的资料作为论据。对那些犹豫不决的人来说，资料来源也是很重要的，因为他们听到引述的资料来自十分可信的权威，他们就不会再为自己的成见辩护。不过，引述权威意见不宜过分，资料太多也可能引起听者反感。

多年来，不少人一直以为语言的说服力很神秘，是人的天赋所决定的，是高不可攀的。其实大可不必这样认为，这种技巧完全可以在实践锻炼中学习和提高，你不妨试一试。

耐心听别人谈他自己

我比别人知道得多的，不过是我知道自己的无知。

陈毅同志写过一首好诗："九牛一毛莫自夸，骄傲自满必翻车。历览古今多少事，成由谦逊败由奢。"这话是针对那些缺乏自知之明，盲目自满的人所说的，可对于我们正确地对待生活，塑造自己良好的交际形象和性格品格，也都是有着十分现实的意义。人的学业无止境，无论潜心自学还是向人求学，没有谦虚的态度就不会有长进。人生道路曲曲折折，要在复杂的人际关系里游刃自如，健康发展，没有虚心、诚恳的态度同样是不行的。"成由谦逊败由奢"，有谦逊的态度，才会有自知之明，知道自己的不足，就有了努力的方向。

不少人，为了使别人赞同自己意见，就唠唠叨叨地说个不停，使别人根本没有说话的余地。尤其是那些推销员最易犯这个毛病，一味对顾客夸耀自己的货物如何美好，使顾客没有插嘴的余地，其实这是最错误的事。顾客有购买的念头，才挑剔货物，他批评这些货物，不必与之争辩，选定之后，他自然会掏出钱来购买。若是你和他争辩，这如同指责顾客没有眼光，不识好劣。顾客受此侮辱，肯定到别家去了，岂不白白损失了一笔生意？

所以人家说话的时候，自己若有不同意之处，应等别人说完，切不可插进去或阻止他，阻止他其实是最大的错误。因为当他还有许多话没有说完时，他决不会来接受你的意见，也根本不注意听你的。所以我们应该鼓励别人，应使别人把意见表达出来，耐心地静听别人讲话。

在现实生活中，我们经常见到这样的应征求职青年，见了经理就滔滔不绝的诉说自己的学历、经历，或有些什么才能等等。然而，10个应征者中会有9个同样说这些话，经理对此也不会给予特别的注意。然而一位姓吴的青年的话，引起了经理的关注。

某报广告中，有一次刊登了一家公司征聘一位要有特殊才能和经验的人。小吴就广泛地搜集了这位经理的以往经历，这位经理是工商界的知名人物。那天见面之后，小吴就说："我很愿意在这里工作，我觉得能为你做事，是最大的光荣，因为你是一位大事业成功的人物，我知道你28年前创办公司的时候，只有一张桌子、一位职员和一部电话机，经过了你的努力奋斗，才有今日这样大的事业，你这种精神令我钦佩。"所有事业成功的人，差不多都乐于回忆当年奋斗的经过，这位经理亦不会例外。小吴一下就抓住了经理的心理，因此经理先生就很高兴地讲述他最初创立时，仅有45000元的资本，处处受到别人讥笑，因此艰苦奋斗，每天工作经常是12小时到16小时之久，经过了长期奋斗才有今日成就。经理不断地谈论他自己的成功小史，小吴始终在旁侧耳恭听，以点头来表示钦佩，最后经理对小吴很简单地问了一些经历，便对旁边的副经理说："这就是我们所需要的人了。"

小吴花了很多时间去找经理以往的经历，他向对方表示仰慕，他鼓励对方多多说话，于是得到好印象。

　　与朋友相处的时候，也要少说自己得意的事，应该谦虚，不能自夸。如果你想把朋友化成敌人，你才可以处处表示你比他优越，如果你要维持你们的友谊，应该使朋友胜过你。这是什么道理呢，因为让朋友胜过自己，那么他得到了荣誉感；反之你若胜过了朋友，将引起他们的自卑感，同时产生猜忌或忌妒心理，如此友情即发生了变化。

　　读过现代文学史的人都知道，鲁迅和郭沫若、茅盾等人曾有过一场影响很大的文艺论争，也曾引起过文坛一些人的误解。可是，这些无产阶级文学的先驱们，他们不计较个人观点不一致，不为庸人所蛊惑，敢于直率地发表自己的见解，进行思想交锋。所以，这个论争不仅没有在他们之间产生感情上的对立，而且还推动了革命文学事业的发展，他们各自也都从中积累了经验，提高了马克思主义的水平。鲁迅说："我和茅盾、郭沫若两位，或相识，或未尝一面，或未冲突，或曾用笔墨相讥，但大战斗却都为着同一的目标，决不日夜记着个人的恩怨。"郭沫若在重印《发端》一文时，也说："我虽然写了这篇文章，并无改于我对鲁迅先生的尊敬。"他们这种为着同一的目标和事业，不计较个人得失的精神，是非常值得我们学习与借鉴的。

　　所以，我们不能对自己的成就自满，我们对人应谦虚，不能自夸，"满召损，谦受益"。谦逊不仅是一种美德，而且可以使我们受益。我们只要细细地想一下，就会觉得尽可以让别人去多说话，自己实在没有自夸或多说的必要。

切莫轻易指责别人

如果我们自身毫无缺点的话，就不会发如此大的兴趣去注意别人的缺点。

在我国的文学史上，有一个"苏东坡错改王安石菊花诗"的故事。

有一次，苏东坡去拜访王安石，未遇王安石，却见其书桌镇石底下压着一首未写完的诗："西风昨晚过园林，吹落黄花满地金。"苏东坡看罢心想："只有秋天才刮金风，金风起处，群芳尽落，但菊花有傲霜之骨，怎么花瓣飘落呢？王公真是'江郎才尽'，铸成大错啊！"于是，他一思忖挥笔续诗："秋花不比春花落，说与诗人仔细吟。"便拂袖而去。时隔不久，苏东坡与好友陈季常一日到后花园赏菊饮酒。这天正是刮了几天大风之后，园中十几株菊花枝上一朵花也没有了，只见满地铺金，落英缤纷。苏东坡一时瞠目结舌，感慨万分。他对友人说，这事给我的教训太深了，今后凡事要谦虚谨慎，千万不可自恃聪明，随便讥笑别人。回城后，他主动向王安石"负荆请罪"，承认错误。由于他勇于承认自己的过错，王安石也对他消除了隔膜。

苏东坡自恃聪明、随便讥笑别人，造成了错误，这是可以引以为鉴的。

当然，我们并不提倡在任何时候都一团和气，不能开展任何形式的批评，而是讲不能不注意方式，随心所欲地指责人。当我们自己有了错误时，一般来说我们会对自己承认；如果别人以温和的方法来处理，采用适当的方式向我们指出，我们亦会对他们认错，甚至觉得爽直坦白是光荣的；但别人若硬将不能吃的食物往我口中塞，随意地对我们过分地指责，我们也是决不会容纳的。我们自己都是这样，何况人家就不如此？

你可以用眼色、声调或态度告诉别人有错误，其效果与用嘴讲出来是一样的。假如你指出了别人的错误，你能使他同意你吗？这就需要"晓之以理，动之以情"，要靠充分的说理，以理服人；更重要的是动之以情，引起对方的共鸣，使人折服。"情"是说理的辅助力量，是打动人心的基本因素。

不要说"我要证实这个那个"，那是不好的，这句话等于说"我比你聪明，我要使你明白"。这种话是一种心理的挑战，能引起反感，使人在你还没有开始说话时，就先有一种敌对的心理，虽然是在最温和的情况下，也难于说服别人，所以，为什么要用这种笨拙的方法呢？

假如你要证实一件事情，使别人明白他的看法是错的，你就要巧妙地去做，使人心里接受，人们愿意受教育，就像你并不是在教育他们；而且提他们所不知道的，就像是他们所忘记了似的。

如果别人说一句话，你以为有错，即使你已确定他是错了，你也是这样说比较妥当："好了，现在你看我是另一种想法，但我的不见得对，让我们看看事实如何。"或者说："我也许不对，让我们看看事实如何。"相信任何人决不会反对你说的"我也许不对""让我们看看事实如何"。

你自己要确实一个信念，即使自己的看法是绝对正确，也要慢点说出自己的意见，避免发生立即直接与别人意见冲突的事，尤其避免用含有肯定意见的字眼，例如"当然的""无疑的"，等等，要改用"我想……""我以为……""可能如此……""目前也许……"

在社会交际中，每个人都有向别人说理的需要．因为每个人都有许多事情需要得到社交对象的支持、赞同和协助。如果我们掌握一点说服的诀窍，就等于多了一点润滑剂，对协调人际关系是十分重要的。说理的方法和技巧有：迂回说理法、诱导说理法、层层推理法、就事论理法、比喻说理法等。现举一个用比喻说理的例子："庄周借粮"。

庄子一生过着清贫隐居的生活。一天，庄子到他朋友监河侯那里去借粮食，以解燃眉之急。庄子来到监河侯的府第，他正在忙于收拾行装，庄子直截了当说明来意，监河侯说："好商量，等我收租金回来，再给你三百两银子，好吗？"庄子心里又气又急，等你从城里回来要半个月，我家老小早饿死了。他略略沉思了一下，就对监河侯说："昨天，我在来这里的路上，发现一条曾经积过水的干沟里有一条快要干死的小鱼在呼救，于是，我问：'小鱼啊小鱼，你从哪里来？怎么变成这个样子？'小鱼回答道：'我从东海来，你给我一桶水，救救我吧！'要水好办，我去见见吴国、越国大王，请他们设法堵住西江的水，然后，把西江的水吸引来，迎接你回东海，好吗？我回答说。小鱼很生气：'我快要干死了，如果照你打算，等到西江水引来的时候，那就只能到卖干鱼的货摊上找我了。'"

听到这里，监河侯羞得满脸通红，立即喊家人到粮仓装了满满一袋粮食，借给了庄子。

在这个故事中，庄子起初对监河侯的态度十分不满，但他既没有斥责他，也没有苦苦哀求，而是通过讲故事，运用比喻说理的方法，让监河侯自己去领悟话中的含义，一点也没有指责的意味，收到了很好的效果。古人说理、处事的方法，是值得我们学习的。

另外，当别人肯定地指出你的错误，决不要冲动的反驳，也不要指出看法不近情理。如果我们是对的，这样会使对方接受，也更容易使他们放弃他们的偏见。

要想别人同意你，要先尊重别人的意见，切勿轻易地指责人，对你的朋友、同事、家人都应该如此。

意恳情真，饱含热情

热情是每个艺术家的秘诀，而每位演说家都应当是一位艺术家。

唐代大诗人白居易说："动人心者莫先于情。"因此，演讲、交谈唯有炽热的情感，才会使"快者掀髯，愤者扼腕，悲者掩泣，羡者色飞。"一个演讲者如果感情不真切，是逃不过成百上千听众的眼睛的，他就决不能打动听众的心，也达不到效果。

无数著名的政治家，往往又是出色的演说家，他们总是特别注意培养自己演说的真切情感，美国著名政治家林肯就是这样。

1858年他在一次竞选辩论中说："你可能在所有的时候欺瞒某些人，也能在某些时候欺瞒所有的人，但不能在所有的时候欺瞒所有的人。"这句著名的政治格言，成了演讲者的座右铭。无哗众取宠之心，有实事求是之意，才能取信于你的宣传对象，使他们接受你的思想、观点。一个演讲者如果讲话华而不实，只追求外表漂亮，开出的只能是无果之花。若缺乏真挚而热烈的感情，只是用"人工合成"的感情，虽然能欺骗听众的耳朵，却永远骗取不到听众的心。现在，有的人信奉什么"逢人只说三分话，未可全抛一片心"。这些人对他人持一种不信任态度，说话时必然闪烁其词。他们在讲自己所知时，故弄玄虚；表明心迹时，扭捏作态；谈己之长时，夸张失实；道己所短时，则躲躲闪闪。这样的谈话，只能给听者留下浮夸虚假的感觉，这能有利于互相了解和感情上的交流吗？

若要使人动心，必先使己动情。二次世界大战期间，年近70岁的英国首相丘吉尔在对秘书口授反击法西斯战争动员的讲稿时，"像小孩一样，哭得涕泪横流"。他的这次演讲动人心魄，极大地鼓舞了英国人民的斗志。

盛气凌人、眼睛往上，把自己打扮成上帝的代表人，以傲慢清高的教育者自居的人，必将会脱离群众，最终被群众所抛弃。俄国的普列汉诺夫曾是一个马克思主义者，他有绚丽的才华，他的学识、机智都曾使工人为之折服。但是，他在工人们与之意见相悖时，以自己的意见来压工人，动辄就训斥："你的爸爸和妈妈还在桌子底下爬的时候，我就……"工人们来到《火星报》时，想见见他，可比登天还难。所以，工人们总是感到自己与这位理论家差距太大了，他们原欲倾吐的心事，想跟他研究的问题，最后终于只好放在肚里。他听不到人们的呼声，越发自高自大，他的理论也就逐渐地离开了革命。普列汉诺夫也因此最终为人民所唾弃。

高明的口才家，应该用真挚的情意、竭诚的态度去击响人们的心灵，刺激之、振奋之、感化之、慰藉之、激励之。对真善美，热情讴歌；对假丑恶，无情鞭挞。用自己的心去弹拨他人之心，用自己的灵魂去感染他人之灵魂。使听者闻其言，知其声，见其心，达到感情上的融合，就会使讲话如春风化雨，润物无声，潜移默化，才能发生磁铁般影响，呼唤起群众的热情，有震撼人心的力量，从而就发生了"共振效应"。

大家都熟知《左传》中"触詟说赵太后"的故事。赵太后刚掌管国政，秦国加紧进攻赵国。赵求救于齐，齐王却要求用赵太后最小的儿子长安君做人质才出兵。赵太后不答应，大臣们竭力劝谏，赵太后生气地说："有再说要长安君做人质的，我就要啐他的脸。"

大臣们因此都不敢再说这件事。但左师触詟却不畏难。首先他委婉地说明，他是来看望太后，使太后消了怒气。然后他表示对太后生活起居的关心，语气轻柔，娓娓动听，最终使太后的神气缓和了。继之，触詟又引导太后说起儿女情长的话来，他们都说了自己对儿子的疼爱，至此，触詟见时机已到，便故意道：我认为太后您对燕后（太后的女儿）的爱，胜过对长安君，并举例说明无功而封以高官厚禄，只会给子女带来杀身之祸，这次正是为国立功的机会，今后在赵国就站得住脚了。左师的一番话，用真挚的感情，将心比心，达到感情上的融合，最终说服了太后，同意长安君到齐国当人质，解除了赵国一次军事危机。

　　曾经打败过拿破仑的库图佐夫，在给卡捷琳娜公主的信中说："您问我靠什么魅力凝聚着社交界如云的朋友？我的回答是：真实、真情和真诚。"真实、真情和真诚的态度是社交成功者的妙诀，也是社交成功者的美德。把自己看作是凌驾他人之上的布道者，或自视为高人一等的儒士学者，是为人所不齿的。不要出口就是"我要求你们""大家必须""我们应该"这类的命令式词句。当你的讲话袒露情怀、敞开心扉时，就会语调亲切，说理虔诚，激情迸发，内容实在，那么就会字字含深情，句句动心魂。

第八章
好言好语感人心

赞美别人的妙招

赞扬对高贵者是鼓励，对平庸者则是追逐的目标。

有人说话总能让人心里感到暖洋洋、热乎乎的，这样的话就是我们这里所要探讨的"好话"。好话包括表示体贴的话，表示赞美的话，表示谢意的话，表示道歉的话等。俗话说："好话一句三冬暖，恶语伤人六月寒。"从中可见，"好话"与"恶语"之间的差别。所谓恶语，就是伤害人的话，激怒人的话，不友好的话。但在现实生活中，"好话"所表达的意思又总是有限的，因为人有善恶，事有顺逆，理有正偏，物有好坏，人们对事物的评价总有褒贬之分。光用"好话"是不足以表达全部思想感情的。这就要求我们在学会说"褒话"的同时，也能学会适当地说"贬话"。"贬"含有贬斥、批评的意思。我们这里所说的"贬"主要是指批评和斥责。很多人都知道古人所说的一句话，道是"良药苦口利于病，忠言逆耳利于行"，这里的"忠言"就含有"批评"的意思。其实，批评的话也不必逆耳，过于逆耳的批评就不算是"好话"了，把批评的话说得顺耳，这才叫艺术，这才叫把握了说话的分寸。所以，对人、对事、对物进行褒贬的话都有好坏之分，会说褒话，也会说贬话，两者都让人心里感到热乎、暖和，这才是一个真正会说话的人。

褒的本意是赞扬、夸奖。褒话就是指赞扬、夸奖之词。所以在这里把它的意思扩展开来，泛指一切好话，正像前面所提到的，包括赞美的话、体贴的话，表达谢意的话和表示道歉的话等等。

对他人发出一番赞美之辞，不仅是社交中的成功秘诀，同时，也能唤醒人的潜在力量，激起他的自尊心，从艰难困苦中超越出来。现实生活中需要赞美的场合很多，赞美对自己、对他人的影响都是积极的。赞美使对方感到愉快，自己也会感到心境开朗。遗憾的是人们对于司空见惯的事太不注意，没有意识到他们的需要，更没有意识到你的一番赞美之辞，能满足对方这种需要的小理，从而又不费吹灰之力得到这个人的信赖与友情。

有人说，赞扬是一笔投资，只需片刻的思索就能得到意想不到的报酬。这话有些道理，但似乎又含有太多的实用主义的味道。赞扬不应该仅仅为了酬报，它还是沟通情感、表示理解的方式。如同微笑一样，也是照在人们心灵上的阳光。马克·吐温说："靠一句美话的赞扬我们能活上两个月。"

可惜很多时候，管理者却不太注意适时地给予赞美，对他人的工作成绩表现得过于冷静。认为他们干得好是理所应当的，应该如此的，以为每个人都应达到同样的水平，忽视了个人之间的种种差异，忽视了个人在取得成绩的过程中所付出的努力，殊不知，即使是能力强的人，在这种管理心理之下也会挫伤积极性。

之所以会出现这种情况，原因很多，主要是没有意识到正面激励对人的促进作用，在工作中就会忽视赞美的作用。这样的管理者大概是严格有余而鼓励不足。

也许有的人觉得当面称赞别人不好意思，甚至讨厌这种做法。这可能是因为从传统心理上说，人们习惯把当面称赞看成是阿谀奉承，把称赞与吹捧混为一谈。

人们在受到称赞时往往表现出窘迫，也是使别人不好意思轻易赞美人的原因。人们喜欢被别人称赞，但又不知如何得体接受。对于我们民族的比较含蓄的习惯来说，如何接受称赞似乎更复杂一些。

美国人在被称赞时说声"谢谢"就行了，而我们如简单地说"谢谢"就会被认为有点骄傲。如果说"哪里""过奖""言重"之类，似乎又有些言不由衷。类似的矛盾心理会以言行不统一的形式表现出来，就是口说："不敢当"，而脸上放光，手足无措，既高兴又掩饰。这种心理影响人们对称赞的使用。

1. 怎样说好赞美的话

恰当地赞美别人，可以使对方获得极大的心理满足，在此基础上安慰对方，鼓励对方或是规劝对方、要求对方，都能够取得良好的效果。可以说，掌握了恰到好处赞美别人的技巧是一个人交际能力趋于成熟的标志。那么，该怎样恰到好处的赞美别人呢？

（1）赞美对方引以为自豪的地方。有经验的人到别人家去做客、办事，总是一进门就夸奖人家的孩子。这一招常常为愉快做客和顺利办事开了个好头。因为孩子都是父母最得意的，赞美、抬举孩子，要比赞美他们本人更能讨得他们的欢心。这是因为人性中有一个共同的特点，那就是喜欢别人赞美自己最得意最看重的方面。

只有赞美别人最看重的东西才能收到最好的效果。俗话说："萝卜青菜，各有所爱"，人与人不同，看重的东西自然也是大相径庭，这就要求我们在赞美别人之前，首先做到"知彼"，摸清对方的兴趣、爱好、性格、职业、经历等背景状况，对症下药，抓住其最重视、最引以为自豪的东西，将其放到突出的位置加以赞美，这样才能够最大限度地满足对方的心理需要，从而达到自己的目的。

在镇压太平军的行营中，一次，曾国藩用完晚饭后与几位幕僚闲谈，评论当今英雄。他说："彭玉麟、李鸿章都是大才，为我所不及。我可自许者，只是生平不好谀耳。"一个幕僚说："各有所长：彭公威猛，人不敢欺；李公精敏，人不能欺。"说到这里，他说不下去了。曾国藩问："你们以为我怎样？"众人皆低首沉思。忽然走出一个管抄写的后生来，插话道："曾帅仁德，人不忍欺。"众人听了齐拍手。曾国藩十分得意地说："不敢当，不敢当。"后生告退而去。曾氏问："此是何人？"幕僚告诉他："此人是扬州人，入过学（秀才），家贫，办事还谨慎。"曾国藩听完后就说："此人有大才，不可埋没。"不久，曾国藩升任两江总督，就派这位后生去扬州任盐运使。

在这个故事里，曾国藩的幕僚想赞美曾国藩，但苦于"威猛""精敏"之语都已让别人先说了，因而想不出恭维他的词句。而管抄写的后生从曾国藩说过的"生平不好谀耳"中推断出曾特别看重自己"仁德"的性格特征，于是投其所好，在这一点上加以赞美，果然让曾国藩感到舒服，并由此得到了他的赏识。可见，只要赞美得恰到好处，其效果往往是出乎意料的。

（2）发掘闪光点。人人都有自己的长处，即使最普通最平凡的人也绝不是"一无是处"，这关键在于你是否能够"沙里淘金""慧眼识珠"。有些人常常埋怨对方没有优点，不知该赞美什么，这正说明了其缺乏发掘闪光点的能力。其不足之处在于，赞美者总是以老眼光看人，而不懂得变换视角去发掘、体察这些闪光之处，并对此大做文章。一个赞美别人的人如果不能够做到这一点，就不足以说明他是一个善于赞美的高手。

春节期间，小王住在乡下的大伯带着5岁的小孙子健健到小王家住了两天。健健性格内向，见人不爱说话，时时刻刻跟在大伯身边，特别是和小王的女儿玲玲在一起时，一个显得聪明伶俐，一个显得呆头呆脑，弄得大伯很没面子，骂健健"三脚踢不出一个屁来"。这天晚饭过后，小王和大伯边聊天边看电视，突然听到客厅里传来玲玲的哭声。两人赶快跑出去看，这才搞明白原来健健不小心从楼梯处跌了下来，膝盖摔破了，健健忍着泪没哭，倒把在一旁的玲玲吓哭了。大伯见健健惹了祸，上来就骂他没出息不争气，搞得健健也大哭起来。小王见状赶紧劝导大伯，一边劝一边扶起健健，帮他察看伤口。当看到伤口出现一片血红时，小王拍着健健的肩膀啧啧称赞，说："农村的孩子就是生得结实，经得起摔打，跌得这么重也不哭，连句疼也不喊。这孩子将来肯定有出息，到了社会上能闯荡。你再看我这城市里的女儿，一根毫毛没动，只吓就给吓哭了。"一席话说得大伯心里舒服了许多，赶紧心疼地搂过健健，又是上药又是安慰地忙起来。

在这个故事里，与乡下大伯相比，小王就是一个善于发掘闪光点的赞美高手，他借助一次跌跤事件对两个孩子做出重新评价，从"身体"和"意志"的角度对健健表示由衷的赞叹，使大伯突破了表面现象看到了自己孩子的可贵之处，不但心里舒服了，更重要的是燃起了对孩子的希望，使孩子向更高的目标成长。

（3）抓住细节赞美。真情需要赞美，而细微之中更容易显现真情，所以，有经验的人常常抓住某人在某方面的行为细节，巧施赞美和感谢。这样很容易博得对方的好感。这样做是很有道理的。其实对方之所以在细节上投入那么多的心思与精力，一方面说明对方对此有特别的重视或偏爱，另一方面也说明对方渴望这一部分努力能够得到别人的关注与赏识，能够得到应有的回报与肯定。因此，我们在交际中应善于发现细微处的用意，不失时机地以赞美和感谢来回报对方的良苦用心，这不但会带给对方巨大的心理满足，而且会加深彼此情感沟通和心灵默契。

法国总统戴高乐在1960年访问美国时，在一次尼克松为他举行的宴会上，尼克松夫人费了很大劲布置了一个美观的鲜花展台：在一张马蹄形的桌子中央，鲜艳夺目的热带鲜花衬托着一个精致的喷泉。精明的戴高乐将军一眼就看出这是主人为了欢迎他而精心设计制作的，不禁脱口称赞道："女主人为举行一次正式的宴会要花很多时间来进行这么漂亮、雅致的计划与布置。"尼克松夫人听了，十分高兴。事后，她说："大多数来访的大人物要么不加注意，要么不屑为此向女主人道谢，而他总是想到和讲到别人。"可见，一句简单的赞美他人的话，会带来多么好的反响。

戴高乐贵为元首，却能对他人的用意体察入微，这使他成了一位受到格外尊敬的人，也是他外交上获得成功的不可或缺的一面。面对尼克松夫人精心布置的鲜花展台，戴高乐没有像其他大人物那样视而不见，见而不睬，而是即刻领悟到了对方在此投入的苦心，并及时地对这一片苦心表示了特别的肯定与感谢。戴高乐赞美的言语虽然简短，但很显然，很明确，尼克松夫人获得了深深的感动。

（4）间接赞美。真诚坦白地直接赞美别人固然不错，但假若用词不当就有可能变成了"拍马屁"，引起对方的不快，或给众人留下太露骨、太肉麻的感觉。如果我们对热情洋溢的直接赞美还缺乏足够的自信，那么采用间接赞美的方式，着重表达自己对某一类人或物的赞美，也会收到不同凡响的好效果。这样无论是怎样使用溢美之词都不显得露骨和肉麻，而对方又能够同样领会到我方的赞赏之情。

间接赞美有三种形式。

①以面带点式赞美。即不直接赞美对方，而是针对对方的优点，大加赞美其优点所在的层面，这样以面带点，言在彼而意在此，不着痕迹，却使对方如坐春风。

《围城》中的方鸿渐就是这样一位巧施赞美的能手。他经苏小姐介绍认识了苏的表妹唐晓芙，唐晓芙说自己是学政治的，给方鸿渐提供了一个自己还算内行的信息。一般说来，女孩学政治是比较有野心而且缺乏灵气的，因此苏小姐夸她道："这才厉害呢，将来是我们的统治者，女官。"方鸿渐从她的话里发掘出了闪光点，大加渲染了一番，说："女人原是天生的政治动物，虚虚实实，以退为进，这些政治手腕，女人生来就全有。女人学政治，那正是以后天发展先天，锦上添花了。我在欧洲听了Emst. Bergmainn先生的课，他说男人有思想创造力，女人有社会活动力。所以男人在社会上做的事该让给女人去做，男人好躲在家里从容思想，发明新科学，产生新艺术。我看此话甚有道理，女人不必学政治，而现在的政治家要想成功，都得学女人。政治舞台上的戏剧全是反串。老话说，要齐家而后能治国平天下，请问有多少男人会管理家务的？管家要仰仗女人，而自己吹牛说大丈夫要治国平天下。把国家社会全部交给女人有多少好处。"方鸿渐一席话说得唐晓芙心花怒放。自然，这一番颇费心思的间接式赞美达到了他预期的目的。

②借用第三者的口吻赞美对方。比如，若当着面直接对对方说"你看来还那么年轻"之类的话，不免有点恭维、奉承之嫌。如果换个方法来说："你真是漂亮，难怪某某一直说你看上去总是那么年轻！"可想而知，对方必然会很高兴，而且没有阿谀之嫌。

因为一般人的观念中，总认为"第三者"所说的话是比较公正的、实在的。因此，以"第三者"的口吻来赞美，更能得到对方的好感和信任。

1997年，金庸与日本文化名人池田大作展开一次对谈，对谈的内容后来辑录成书出版。在对谈刚开始时，金庸表示了谦虚的态度，说："我虽然过去与会长（指池田）对谈过世界知名人士不是同一个水平，但我很高兴尽我所能与会长对话。"池田大作听罢赶紧说："你太谦虚了。您的谦虚让我深感先生的'大人之风'。在您的72年的人生中，这种'大人之风'是一以贯之的，您的每一个脚印都值得我们铭记和追念。"池田说着请金庸用茶，然后又接着说："正如大家所说'有中国人之处，必有金庸之作'，先生享有如此盛名，足见您当之无愧是中国文学的巨匠，是处于亚洲巅峰的文豪。而且您又是世界'繁荣与和平'的香港舆论界的旗手，正是名副其实的'笔的战士'。《春秋·左传》有云：'太上有立德，其次有立功，其次有立言，是之谓三不朽。'在我看来，只有先生您所构建过的众多精神之价值才是真正属于'不朽'的。"

在这里池田大作主要采用了"借用他人之口予以评价"的赞美方式，无论是"有中国人之处，必有金庸之作"，还是"笔的战士""太上……三不朽"等，都是舆论界或经典著作中的言论，借助这些言论来赞美金庸，显然既不失公允，又能恰到好处地给对方以满足。

③背后赞美，就是当事人不在场时，背地说些赞扬他的话。一般情况，背后赞美的话语都能传达到本人。在日常生活中，如果我们想赞扬一个人，不便对他当面说出或没有机会向他说出时，可以在他的朋友或同事面前，适时地赞扬一番。

据国外心理学家调查，背后赞美的作用绝不比当面赞扬差。此外，若直接赞美的度不足会使对方感到不满足、不过瘾，甚至不服气，过了头又会变成恭维，而用背后赞美的方法则可以缓和这些矛盾。因此，有时与其当面赞扬不如通过第三者间接赞美效果更好。

2. 怎样说好祝贺的话

祝贺是人际交往中常用的一种交往形式，一般是指对社会生活中有喜庆意义的人或事表示良好的祝愿和热烈的庆贺。通过祝贺表示你对对方的理解、支持、关心、鼓励和祝愿，以抒发情怀，增进感情。

祝贺语从语言表达形式看可以分为祝词和贺词两大类。

祝词是指对尚未实现的活动、事件、功业表示良好的祝愿和祝福之意。比如重大工程开工、某会议开幕、某展览会剪彩要致祝词；前辈、师长过生日要致祝寿词；参加酒宴要致祝词，等等。

贺词是指对于已经完成的事件、业绩表示庆贺的祝颂。比如毕业典礼上，校长对毕业生致贺词；婚礼上亲朋好友对新郎新娘致贺词；对于同事、朋友取得重大成就或获得荣誉、奖励致贺词，等等。

祝贺要注意以下几点：

（1）祝贺要适合场景。一般说，祝贺总是针对喜庆意义的事的，因此，不应说不吉利的话和使人伤心不快的话，应讲一些喜庆、吉祥、欢快的话，使人快慰和感奋的话。如言辞与情绪不合场景，就必定要碰壁。

（2）祝贺时感情要真挚。祝贺的语言要富有感情色彩，语气、表情、姿态等都要有情感性。这样才会有较强的鼓动性与感染力，才能达到抒发感情，增进友谊的目的。

（3）祝贺词要简洁，有概括性。祝贺词可以事先做些准备，但多数是针对现场实际，有感而发，讲完即止，切忌旁征博引，东拉西扯。语言要明快热情、简洁有力，才能产生强烈的感染力。

有些祝词、贺词要进行由此及彼的联想，因景生情的发挥，但必须紧扣中心，点到为止，给听众留下咀嚼回味的余地。比如，某人主持婚礼。新郎是畜牧场技术人员，新娘是纺织厂女工。婚礼一开始，他上前致贺词：

"我今天接受爱神丘比特的委托，为80年代牛郎织女主持婚礼，十分荣幸。"

新郎新娘交换礼物。新郎为新娘戴上金戒指，新娘送给新郎英纳格手表。这时，主持人又上前致辞说：

"黄金虽然贵重，不及新郎新娘金子般的心；英纳格手表虽然走时准确，也不及新郎新娘心心相印永记心间。"

他的即兴婚礼贺词，得体而又热情，简洁而又明快，博得了一阵热烈的掌声。

3. 怎样说好恭维的话

每个人都有喜欢被别人恭维的心理，即使那些平时说讨厌恭维的人其实内心也是喜欢听恭维话的。最重要的是，你的恭维话要说得巧妙，不显山露水，不露丝毫痕迹，恰到好处，被恭维的人就会怡然自得了。

在这个社会上，会说恭维话的人，肯定比较吃香，办事顺利，人缘上好。当一个人听到别人的恭维话时，心中总是非常高兴，脸上堆满笑容，口里连说："哪里，我没那么好！""你真是很会说话！"即使事后冷静地回想，明知对方所讲的是恭维话，却还是没法抹去心中的那份喜悦。

（1）恭维要投其所好。使用恭维术最主要的是必须了解对方的嗜好、习性，乃至脾气和情感，抓住对方的心理弱点，选用对方真正感兴趣的事情进行恭维，使对方感到非常合乎心意，这样才能取得最好的效果。

袁世凯窃取了中华民国临时大总统的权力后，每天做着皇帝梦。有一次竟在白天进入梦中。一位侍婢正好端来参汤，准备供袁世凯醒后进补，谁知不慎将玉碗打翻在地。婢女自知大祸临头，吓得脸色苍白，浑身打战。因为这只玉碗是袁世凯在朝鲜王宫获得的"心头肉"，过去连太后佛爷也不愿用来孝敬，现在化为碎片，这是杀身之祸；罪是无论如何也逃不脱的了。正当她惶惶惟思自尽之时，袁世凯醒了，他一看见玉碗被打得粉碎，气得脸色发紫，大吼道："今天俺非要你的命不可！"

侍婢连忙哭诉着："不是小人之过，有下情不敢上达。"

袁骂道："快说快说，看你编的什么鬼话！"

侍婢道："小人端参汤进来，看见床上躺的不是大总统。"

"混账东西！床上不是俺，能是啥？"

侍婢下跪道："我说。床上……床上……床上躺着的是一条五爪大金龙！"

袁世凯一听，以为自己是真龙转世，要登上梦寐以求的皇帝宝座了，顿时一股喜流从心中涌起，怒气全消了，情不自禁地拿出一沓钞票为婢女压惊。

婢女在生死存亡关头，通过一句恭维妙语，不仅免了杀身之罪，还得了对方的奖赏。

（2）恭维要逢迎其长。我们经常在一些个体商场遇到这样一些情形：开始营业员同顾客在质量、样式或价格上争论得很厉害，但后来，营业员改变了战术，突然转而夸奖顾客在谈论商品方面的丰富知识经验，说："先生看起来是一个特别懂行的人，我真得好好问问，请教请教！""即使你不买这件衣服，我的收获也很大！"说也奇怪，对方被这么一夸奖，一恭维，反而心中不安，讨价还价的事也忘在了脑后。甚至还有些顾客，营业员一抬举他，他就感到不买下商品就对不住营业员似的，你说怪不怪？

（3）恭维要圆滑巧妙。最妙的恭维是不露痕迹，不让人看出你是别有用心"拍马屁"，既抬高了别人又不贬低自己。

南朝齐代有个著名的书画家叫王僧虔，是晋代王羲之的四世族孙，他的行书、楷书继承祖法，造诣很深，一手隶书也写得如行云流水般飘逸。

当朝皇上齐高帝萧道成也是一个翰墨高手，而且自命不凡，不乐意听别人说自己的书法低于臣子，王僧虔因此很受拘束，不敢显露才能。

一天，齐高帝萧道成提出要和王僧虔比试书法高低。

于是君臣二人都认真写完了一幅字。写毕，齐高帝萧道成傲然问王僧虔："你说，谁为第一，谁为第二？"

若一般臣子，当然立即回答说："陛下第一"或"臣不如也。"但王僧虔也不愿贬低自己，明明自己的书法高于皇帝，为什么要作违心的回答呢？但他不敢得罪皇帝，怎么办？王僧虔眼珠子一转，竟说出一句流传千古的绝妙答词："臣书，臣中第一；陛下书，帝中第一。"

他巧妙地把臣子与帝的书法比赛分为两组，即"臣组"和"帝组"，并对之加以评比，既给皇帝戴了一顶高帽子，说他的书法是"皇帝中的第一"，满足了皇帝的冠军欲，又维护了他自己的荣誉和品格，使皇帝更敬重他的风骨，觉得他不是那种专门拍马屁的家伙。

果真，齐高帝萧道成听了，哈哈大笑，也不再追问两人到底谁为第一了。

4. 怎样说好风趣的话

与人说话能够做到口若悬河，谈笑风生，当然受人欢迎。在生活中多说一些风趣、幽默的话，不仅可以解除生活和情绪上的压力，还可以表现出一种运用语言的机智和为人处世的圆滑。特别是在一些具有一定娱乐性的公众场合，多说一些风趣的话，更能给大家带来欢笑。但做任何事情都应该掌握分寸。在娱乐性场合说风趣的话，也有几点值得特别注意。

（1）要侃，莫侃过头。侃，必须具备较高的艺术性。一般要求在短暂的时间内，用最简洁、最艺术的语言，把主要情况介绍清楚，把听众情绪调动起来。可是，有些人不是这样，他们往旁边一站，好像不是在与人调侃，而在表演单口相声；有的话离题千里，把听众的耐心都侃没了。

（2）要乐，莫乐过头。要造成欢乐气氛，这是常理，所以说话人一站出来，大都是精神饱满，神采飞扬，笑嘻嘻、乐呵呵的。这是要运用自己的欢乐神态去感染听众。可是，有些人似乎对这种"乐"的作用不太清楚，不懂得它应当产生的效应。因此，未在"逗人笑"上下功夫，只是自己笑得合不拢嘴，甚至又是弯腰又是低头，可听众并未见到笑料，总是笑不起来，自然没有笑声，也没有掌声了，这样自娱自乐，就有点过头了。

（3）要滑，莫滑过头。人们说话，各有各的风格或特色。可以亲切感人，可以稳重深沉，可以随和潇洒，可以幽默风趣。必须根据环境．做到恰如其分。有些人为了追求滑稽，穿着不伦不类，语言胡编乱造，甚至做些很不雅观的动作，跟小丑演戏差不多，听众见了欲吐不能，欲咽难进，想笑笑不起来，只好摇头叹息！这样的幽默似乎"串味"了。滑过了头，听众是不喜欢的，这样的人只会给人华而不实的感觉。

（4）要抢，莫抢过头。有些活动场合，说话人很多，这就有个抢话说的问题。有时话抢得好，可以扣住听众的心弦，产生强烈的吸引力和感染力。但是，在生活中，也有说话人之间"抢"戏过头的现象。一些年轻人往往有强烈的表现欲，说起话来没完没了，抢白、回敬放连珠炮，那阵势好像要使对方山穷水尽，让自己独占鳌头似的。这样的"抢"就会使人不平不满，就会使说话效果受到影响。因为大家都是平等谈论问题，不是来看哪个人的个人表演。所以，在人多的时候说话，要想做到风趣幽默，必须衣着得体，语言精当，把握分寸，这样才能赢得大家的喜欢。

批评别人的艺术

很少人能够那么聪明地宁取有益的责备而舍不忠的称赞。

我们这里所说的"贬"，单指批评的意思，而不是不怀好意地贬损他人。做任何事情，都有一个分寸问题，批评他人，这一点尤为重要。由于批评时用词不同，说法不同，所表达意思的轻重也不一样，由此而产生的效果也大有差别。有些人总是抱着"良药苦口利于病，忠言逆耳利于行"的信条，不大注意批评的分寸，他们往往认为，只要是善意的批评，就不必讲究什么分寸，批评就是批评，不能无关痛痒，而应击中要害，深中肯綮，虽然他们的出发点不坏，但是效果却往往适得其反。这是因为，绝大多数人，是不太欢迎批评的。

在人性的弱点中，有本能地排斥批评的心理，即便是最理智的、最明达的人物，也时常不能避免。美国前总统卡特在一次听完国内数十位大企业家、工会领袖、政府官员、教会代表的批评后，深有感触地说："我不是那种听了批评能够不在乎的人，我也不愿意承认自己有缺点，有做错事的时候。只是过了几天，我才会明白，对于一个担任总统职务的人来说，这样的批评是多么有益处。"

为了发挥批评的社会功能，使之确实成为人生的镜子和良师益友，我们需要做两方面的努力：一方面，以人类社会发展的知识、文化和理性矫正天性，使自存意识与自尊意识走上文明、理智的轨道，充分认识自存、自尊意识的普遍性、深刻性、顽固性，在批评时讲究技巧与方法，使批评少受人类弱点的干扰，实现积极的沟通，发挥批评的社会作用。

这就要求我们最好能换一种角度看待批评，即来个良药不苦，忠言顺耳，岂不更好！这样，既不伤害双方的感情，又达到了预期的目的，可谓一箭双雕。这二者，实际上是可以兼而得之的。

1. 批评的技巧

恰当的批评方式所产生的效果，应该是使被批评者心悦诚服，顺利地接受批评，改正错误，并且受到激励，使自己向着更好的方向发展。

下列批评的技巧，有助于达到这种批评效果。

（1）旁敲侧击。上海某钢铁厂的青工王某擅自从厂内拿了几块木板回家做书橱。事发后，王某所在的机动科科长老吴找他谈话，一开口便说："木板是国家的财产，你私自拿回去做家具，你的行为太缺德了。"王某一听，顿时火了起来，与老吴顶撞起来。第二天，机动科支部书记小赵找小王谈话，小赵说："厂里的木板是国家的财产，大家都不能占为己有，如果大家都拿回去做家具，能行吗？"小王听后低下了头。

在本例中，老吴和小赵都对犯错者进行了批评，但是得到的效果却大相径庭，原因就在于老吴采取直截了当的方式批评王某，触痛了他的自尊心，而小赵则采用了暗指式的批评方法，在称谓上做文章，把"小王"代换为"大家"，使小王在感情上容易接受，因而受到了较好的批评效果。

有时，无声的批评更甚于有声的批评。有一个大商人开班了许多大商店。他经常到各家商店去巡查。一天他发现一个顾客在柜台前等着卖东西，而售货员站在柜台的另一边正在聊天。谁都没注意到他。这时，这位总经理没说一句话，迅速站到柜台后面，做起售货员，给顾客拿了要买的东西，他的行动是对售货员严厉的批评。售货员们认识到了经理对自己的尊重，从此再也没有犯过类似的错误。

（2）在批评中提出建设性的意见。一般的批评，只把重点放在对方的"错误"上，并不指明对方应如何去纠正，因而收不到积极的效果。积极的批评，应在批评时，提出建设性意见。建设性的批评可以削弱批评中的否定性因素，制造出良好的解决问题、改进工作的气氛，在这样的气氛中，被批评者既没有从批评中感受到太多不快，又自然地放弃了原先不正确的做法。

在一个书法培训班上，有一位学员的起点很低，特别在运笔方面总是犯低级的错误。他对比别人，感到很沮丧。培训班的老师知道了他的情况，并没有责怪他起点太低或练习不勤，而是对他说："你的书法天赋不错，对于书法的艺术感觉是可以的，虽然在运笔方面还有些欠缺，但这是初学者都会犯的毛病，多练习几遍，心思多注意一下就好了。"那位学员听了老师的话，认识到自己的错误其实并不是很难改正的，于是对练习书法又充满了信心，运笔的毛病也慢慢改好了。

要站在对方的角度考虑批评是否有效，必须使听者相信，按照批评的要求改进后，对他是有好处的，诱导他相信你的批评是帮助他，关心他，爱护他，而不要以威胁、命令、恐吓、责骂的方式表达。

让人感受不到"好处"的批评，会使被批评者觉得自己改正行为是为了批评者。成功的批评应是能使被批评者觉得是为了自己更好，这样，便可消除自我防卫心理，欣然接受批评。

（3）换位思考。换位思考即从对方的角度出发来看待批评。一是让被批评者站在批评者的角度，让他想一想："如果你是我，你想想，我出了这样的错，你批评不批评？"让他换个位置来认识自己和过错。一是让批评者站在被批评者的角度，假如我是他，我对自己的过失是否已经有了很深刻的认识，甚至会主动检讨而不希望被人严厉呵斥？

双方均为对方设身处地地想一想，这样，在做出批评与接受批评时就容易协调起来了，批评者也就能视对方过错认识程度的深浅而把握批评的分寸了。

（4）从批评自己开始。在批评他人之前先谈一谈自己从前做过的类似错事，一方面可以为对方提供活生生的例证，让他从这例证中认识到犯错的严重后果，另一方面也可以带给对方一定程度的认同感，拉近彼此的心理距离，营造出心胸开阔、坦诚相见的良好批评氛围，从而使对方更容易接受。

有个叫约瑟芬的食品店店员，在一次运货时因马虎而使食品店损失了两箱果酱。为此，老板对他进行了如下一番批评："约瑟芬，你犯了个错。但上帝知道，我犯的许多错误比你还糟。你不可能天生就万事精通，那只有在实际的经验中才能获得。而且，你比我在这方面强多了，我还曾做出那么多愚蠢的事，所以，我不愿批评任何人，但你难道不认为，如果你换一种做法的话，事情不是更好一点吗？"约瑟芬愉快地接受了老板的批评，从此做事认真多了。

（5）先表扬后批评。批评时的氛围很重要，在冷冰冰的气氛里很难收到良好的批评效果。如果在批评之前先表示对对方某一长处的赞赏，肯定对方的价值，满足其某种心理需要，那么就能够制造出较好的气氛，一方面削弱批评本身让人难以接受的程度，另一方面也使被批评者不致产生逆反心理。

柯立芝任职期间，在一个周末，曾对他的女秘书说："你穿的这套衣服很漂亮，你是一个很有魅力的女子。"柯立芝生性比较沉默寡言，这大概是他有生以来对一位秘书的最热情的赞词了。这对于那位秘书来说，这太意外了，太不正常了，使得她不知所措。柯立芝接着说："好啦，别愣在那儿，我这样说只是让你高兴。从现在起，我希望你对标点符号再注意点。"

在本例中，柯立芝抓住年轻的女秘书爱慕虚荣、好面子的心理，没有直接对她提出批评，以免刺伤她的自尊心，而是采用欲贬先扬的手法，先赞赏女秘书的魅力，使她女性特有的虚荣心理得到很大满足，然后在此基础上提出批评。这样一来，女秘书一方面获得了心理上的满足，一方面又没有因批评而丢面子，对批评也就更容易接受了。

2. 批评的禁忌

说批评话不注意分寸，主要有以下几个方面的表现：

（1）羞辱对方的人格，让人失去尊严。不以对方的人格为对象，单就他的行为或举止进行批评，可以避免刺激他的自尊心。

自己所关心的，是对方的行为，对方如果能够接受批评，可以再赞美他，从而提高他的自尊心。

"××，据我所知，你以前从未犯过这种错误……"

"××，我这么坦率地说，是因为知道像你这种人应该会做得更好一点。这次的事，实在不像是你做出来的……"

这样说，一方面可以指出对方的错误，另一方面也可以激励他努力向上。

有些上级、老师和家长，往往以讽刺和挖苦来代替摆事实讲道理，分析利害，明辨是非的批评，这实际上是把批评降低为泄愤的手段了。

羞辱对方的批评方式往往既鲁莽又不恰当，常常会引起反作用。有益的批评应当把批评的事与人分为两件，表明批评是对事不对人的。羞辱人的批评是有意把事与人混为一谈，而且以偏概全。有时候，一句本来是可以接受的话，却因为加入了羞辱人的成分使听者无法接受。

（2）翻老账、揭疮疤。对于以前曾犯过错误、受过处分甚至于惩罚的人，许多人总是抱有成见，这样，在对他们进行批评教育时，自觉不自觉地就会把眼前的事和以前的事扯到一块儿，翻老账。而这往往就触动了别人最敏感的、最不愿意让别人触及的神经，从而使人产生极大反感。

一名中学生，因为考试作弊，受到一个通报批评的处分，后来，他和一个同学吵了一架，于是班主任老师找他谈话，对他进行批评，可只进行了几句，就谈崩了。下边是他们的对话：

班主任："你对同学大打出手，可真够威风的啊。"

学生："我……"

班主任（打断学生）："你怎么样？上次那个通报你忘了吧？我可是没忘啊……"

学生："那你就给我再来一个通报吧！一个我抱着，两个我背着！"

班主任："你……"

批评最忌翻陈年老账，将对方过去的问题，一股脑儿地抖出来，以显示自己的理直气壮。殊不知，连珠炮式的指责只会加大对方的对抗情绪，使所遇到的问题更难解决。

"并不是我喜欢揭人的疮疤，而是他的态度实在太恶劣，一点悔过的意思都没有。我这才忍不住翻起旧账来的。"有这个不良癖好的人为自己辩解经常这样说。

这是可以理解的。但是，如果有必要指责其态度时，只要针对他的恶劣态度加以警诫即可。每次针对一件事比较能收到好效果。集合许多事时，目标分散了，被批评的人反而印象不深。

另外，批评也最忌讳揭人隐私。多数人都有隐私，既然是隐私就不能公开，不想让别人知道。如果在批评时把别人的隐私也抖搂出来，势必会引起不良后果。

（3）无休无止。俗话说，批评的话最好不超过三四句。会做工作的人，在对别人进行批评教育时，总是三言两语见好就收，不忘给对方留一定的余地，而有的人就不是这样了，他们总是不肯善罢甘休，非把对方批得"体无完肤"不可，结果是过犹不及，往往把事情推到了反面。像有的批评者总以逼迫被批评者承认自己错了并做出某种承诺为最终目的，就是属于这方面的一种比较常见的表现。

一般来说，批评应该适可而止，没有必要把对方置于死地，因为我们批评的目的是为了治病救人，是为了帮助别人。

一个人犯了错误，对这个错误的某一点只要提醒一下就行了。再提第二次是没有必要的，提第三次就变得"婆婆妈妈"了。

把过去的错误重新批评，总是纠缠不休，不仅于事无补，而且也显得愚蠢。

因此说批评话的时候，一定要注意轻重适当，否则就有悖于批评的"治病救人"目的了。俗话说"世界上没有不犯错误的人"。当我们面对着一个犯有某种过错的人时，能够做的补救措施之一，就是用语言向对方指点迷津，促其浪子回头、迷途知返。不过，批评犯有过错的人，与平常的说话是有较大差异的：过或不及，都难于取得令对方口服心服的效果。因此，批评或劝诫犯有过错的人，必须把握言语内容、言语形式和言语分寸。

（4）不要吹毛求疵。每个人身上都有或多或少的毛病和缺点，即所谓的"金无足赤，人无完人。"作为上级，应针对下属在工作当中出现的重要的和比较重要的问题提出批评，使对方能及时认识到，并加以改进，切忌犯吹毛求疵的毛病，对下属所犯的一些鸡毛蒜皮的小问题也横加挑剔。这样既显得你领导工作无重点，又让下属对你产生反感和抵触情绪。

（5）不以己之心度人之腹。以自己心里的想法去揣摩别人的心理和行为会使你的批评有失偏颇，因为即使是非常熟悉的人也不可能做到完全了解对方的心态。因此，揣测别人的心思是一种不公平的沟通技巧，有时更是一种卑鄙的攻击人的手段。批评别人的方式，要避免下列的想法："你这么做，还不是为了晋升！""将工作做得好，仅仅是想讨好我而已。"等等，就明显是以小人之心度君子之腹了。

第九章
拜访、探望、接待社交学

选择拜访的最好时机

《红楼梦》中刘姥姥首先表明是来"瞧瞧姑太太、姑奶奶"的，待"心神方定"后，才把来的目的说了出来。凤姐早已猜着了几分，招待她吃完饭之后，把"丫头们做衣裳的二十两银子"给了她。

但凡拜访人，都有着自己的目的。刘姥姥的目的就是讨点银子，结果如愿以偿。这个乡下老婆子实现自己拜访目的的奥秘不得不引人思索。首先，她在一个适当的时候来拜访。早饭后无疑是荣国府大忙人凤姐稍事休息的时间，刘姥姥才得以见面。拜访目的实现受拜访时间的影响很大。一般来说，清晨、吃饭、午休、深夜都不宜登门。其次，凤姐的心情好，也是刘姥姥实现其拜访目的的重要因素。由于周瑞家从中周旋，再加上贾蓉来借"玻璃炕屏"时恭维了凤姐几句，她非常得意，正是"得意浓时易接济"。看来，去拜访一个人，不能不考虑对方的心情。主人心情好，就会热情地接待你，也就有利于实现拜访目的。所以作为领导者，这也是一项不可忽视的细节。

寒暄不可少

　　海湾中在进行划艇比赛，有几位好朋友想在一个钓鱼的桥墩上观看。可几次都被警察挡住了，原因是很多人在那里钓鱼。这时，他们中的一位女同胞说："让我去试试。"她走到警察面前问他在太阳底下是否感到难受，表示同情和理解他工作的艰辛。当警察说到自己如何喜欢钓鱼时，那位女同志在适当的时候说出了想说的话，表达了自己的愿望，警察终于开了绿灯。

　　使自己处在有利地位的交谈技巧是这位女同志成功的关键。作为拜访者，也应掌握女同胞运用的"Ｖ型转换"谈话技巧，这种技巧的具体表现就是寒暄。领导者要注意在拜访中双方交谈，首先不要进入实质性的问题，可先说说趣闻、问问主人小孩子的学习情况、谈谈天气、关心关心他家老人的健康等。待交谈气氛融洽时，也就是在双方的心理上都互相接受时，再慢慢说明来意。这样，定能使你乘兴而来、满载而归。

言谈不要散

　　主客寒暄之后，拜访者要适时进言，避免占用对方太多时间。一般来说，交谈时间以半个钟头为宜。因此拜访者在说明自己的来意时必须使用简洁明了的语言。谈得太散，既浪费时间，又影响主旨的表达，有些时候还会说错话。比如，询问对方的经济收入、评点他的家庭布置或者对某个问题穷追不舍等。对方可能会因此不高兴，并由此影响到拜访目的的实现。中层领导者要知道拜访谈话中的大忌之一就是谈话没有节制。在节制内容的同时，还必须节制音量。无所顾忌、高谈阔论，会使主人家悠闲恬静的生活被打乱。所以领导者在会客时说话要"调好音量旋钮"，千万不要敞开嗓门说话。

体态语不宜多

　　有这么一个故事流传在民间。

　　有一人进餐馆吃饭，吃完后才发现忘了带钱，便对老板说："老板，今天我忘了带钱，明天一定送来。"老板连声说："行！行！"而且恭敬地把他送了出去。这件事被餐桌旁一个无赖看在眼里，他也想趁这个机会占点便宜。吃罢饭菜后，假装摸摸口袋，然后仿照前面那位顾客说了一通。谁知老板听后脸孔一板，揪住无赖，让他必须交钱出来。无赖不服气地说："人家赊账可以，老子为什么不行？"老板说："人家吃饭斯斯文文，喝酒一盅一盅地筛，吃完饭还用手帕揩嘴，是个有德行的人，欠了钱一定会来还的。你呢？双脚蹬在凳子上狼吞虎咽，端起酒壶就往嘴里灌，吃完用袖子揩嘴，一副无赖相。你不给钱，我能放心吗？"无赖听了此番话再也无话可说，只好乖乖地付钱。

　　店老板是凭顾客的举止确定人的可信度的，因为思想和修养是通过一个人的举止表现出来的。人们常说，不仅要听他说话还要看他的行动，这说明有时举止比言语有更大的可靠性。主人对拜访者的印象，来自听觉和视觉两方面。

记住客人的名字是第一要求

　　有一位影迷找他仰慕的影星签名。当影星签完以后，影迷却念错了影星的名字。影星听后十分气愤，于是反问影迷："你不是我的忠实观众吗？既如此，怎么会念错我的名字呢？"影迷只好连忙道歉，并解释自己在记别人名字方面不太擅长。
　　美国作家戴尔·卡耐基认为，对一个人来说最重要的字就是他本人的名字，一般人对自己名字的兴趣远远超过对地球上所有人的名字的兴趣。美国纽约州洛克兰德县有个叫吉姆·法利的人，他没有在学校学习过，却依靠能叫出5万人名字的特殊本领，成了民主党全国委员会领袖，并当上了邮政总局局长。这种关于记住他人名字的能力的威力，竟达到了令人难以置信的地步。因此可以看到，在接待中，中层领导者能一见面就主动叫出每一位来访者的姓名，是该有多么重要。这一招，可以使人认为主人热情好客，并迅速缩短主客之间的距离，建立友好关系。

那么，怎样才能记住客人姓名呢？对于自动说出自己姓名的客人，可将他的姓名与相貌、表情以及整个外部形象联系起来记忆，也可以通过联想亲朋好友中某人的姓名、相貌来记忆，还可以与他的工作单位、家庭情况联系起来记。对于需要询问其姓名的客人，可采用提问的方式："您贵姓？""在哪个单位工作？"有时也可要求对方写下姓名。尽管如此，还会出现弄错的情况，此时，就要利用一些说话的技巧为自己开脱："您是姓……""对不起，上次我没听清您的名字。'您今天穿了这么一套漂亮的衣服，我一时认不出来了。""您和×××太像了，您的名字是叫……"虽然这对于领导者来说事情很小，但是却恰恰能表现出领导者的能力。尽量不要谈及病情探望身患重病的不幸者，切勿说过多关于病情的话，谈话不要触碰到病人最难受的症状，以免病人心烦。如果对方本来就背着病的精神包袱，你再过多地谈病情，肯定会加重其精神包袱。当你看到病人脸色憔悴时，不可以一脸惊讶地说："您的脸色怎么这样难看？"而要说："这儿医疗条件好，您的病一定会很快好转的。"

中层领导在探望病人时最好用这样的谈话方式：先简要问问病情，然后多谈一谈社会上生动有趣的新闻，以转移对方的注意力，减轻精神负担。长时间待在病房中，这种新消息正是病人渴望知道的。如能尽量多谈点与病人有关的喜事、好消息，使他精神愉快、心情舒畅，也能帮助他尽快康复。

尽量多聊轻松的话题

中层领导要学会尽量多谈一些使病人感到愉快、宽慰的话语和事情。安慰病人，使其精神放松、早日恢复健康是最终目的，所以，切勿带去让其更加忧虑和不安的信息，还要避免谈论可能刺激对方或对方忌讳的话题。但在通常情况下，病人总要对探病者讲讲自己的病情和感觉，这时，应该认真聆听，并从中发现一些对病人有利的因素，从而接过话题安慰病人。例如，病人说过"胃口不错"的话，探望者就可以借题"发挥"，多谈一些胃口好对身体康复的重要性，使病人认同达是个有利条件，增强其对身体康复的信念。

从反面鼓励、安慰病人

人生病了，不管从哪个方面来说都没有积极意义。但是，为了让病人宽心，领导者完全可以换个相反的角度，从人生是一个过程这一角度去分析，赋予生病一些价值与意义，使病人觉得自己尽管耗损了身体、耽误了工作，却一样能够收获一些特殊的体验或能力，让其感受到一种精神补偿。当然，在此之前最好先强调一下病人病情的好转，让其做好深入思考和心理准备。

例如，某人去看望朋友，他一改往常的习惯做法，既不问病情也不讲调治方法，而这样安慰道："看来，你的危险期已经过去了，这就好了。今后，你比我们多了一种免疫功能，也就增加了一重屏障，这种病，也许就再也不会打扰你了！"对于生病的意义，探望者的看法非常独到。他先指出病人的危险期已经过去，使病人感到宽心，然后再强调生病虽然不是好事，但却使病人具备了别人没有的优势：对此病产生了免疫能力，今后不会再得此病了。病人听了他的这番话，心理上自然得到了某种补偿，心情也就好多了。

着重强调病人的其他优势

病人被病痛所折磨，只会关注其病情是否严重，却很少会考虑决定病情与康复的其他重要因素。作为探病的领导，我们应该指出病人其他方面的优势，摆到突出而重要的地位上去，着重指其他病人没有这些优势因素，因而病人完全有理由采取比他人更为乐观的态度。病人认识到自身的这些优势条件，必定会增强其康复的信心。

例如，有一个年轻建筑工人在高空作业时不慎摔伤，导致昏迷不醒。患者在医院里苏醒后，觉得下肢不听使唤，遂怀疑自己将终生残疾，于是就产生了轻生的想法。患者的一个友人发现他的这一思想苗头后及时鼓励说："你年轻力壮，新陈代谢旺盛，生理机能强，只要你积极配合治疗，日后加强锻炼，肯定不会残废，这是医生说的，请你相信我！"仅仅几句宽慰人心的话，便使患者抛却了轻生念头，增强了治疗信心。以后的日子，患者不但积极配合治疗，并且坚持加强生理机能的锻炼。数月后即伤愈出院。后来他跟友人说："如果不是你及时安慰我，我是无论如何也不会对恢复健康重拾信心的。"

病人仅仅因为下肢不听使唤就怀疑自己会终身残疾，这说明他过多地考虑病情，却没有认识到其他方面的影响因素。病人的朋友重点指出其有好的身体素质这一点，突出强调，尽力使他相信自己不会残废，而且重点指出说这是医生告诉他的，结果使病人重新对康复抱有了信心。

注意患者的细小变化，做出乐观估计

在生病时，由于受病痛困扰，病人常常会非常担忧其病情，如得不到及时疏导就可能导致悲观情绪的滋生，从而以消极的态度对待治疗。所以领导在探病时，不妨抓住病人身上的细微变化做文章，强调此变化意味着病情正在慢慢好转，表明康复的希望很大。在说此番话时，我们可以装作不经意的样子，这样做才能让病人更加相信，使其对自己的病情做出乐观的估计。

例如，有一个患黄疸型肝炎的患者，通过一段时间的住院治疗后，总认为自己的病没什么转变，产生了悲观情绪，对治疗失去了信心。这时，一个朋友前来探视，遂暗示说："你的脸色比以前好多了，听医生说，你的黄疸指数已有所下降，这说明你的病情在好转！"这番暗示性的话语，使患者的精神瞬间振作，于是，他乐观地接受治疗，加快了康复进程，没过多久就治好病出院了。

探病者以病人的脸色变化这一点，暗示病人的病情"比以前好多了"，然后又引用医生的话来加以证明，使病人很自然地信以为真。其实，重要的并不是病人的脸色是否真的好多了，而是作为领导的你的安慰和关心让他重新鼓起勇气、振作精神和坚定信心。

劝病人安心养病

病人生病后，被迫中断了正常的生活、学习、工作等，自己不得不暂时与外界隔离，过着与病痛为伴、索然寡味的生活，不管是换了谁，恐怕都会为此而感到烦躁、焦虑，特别是一些性子急的人，巴不得马上康复，找回已经过去的时间。对于这样的病人，领导者在探病时可以为他讲个故事或打个比方，让其意识到"一心不得二用"的道理是非常必要的。认识到这个道理之后，病人才能够认识到自己的焦虑非但无益，反而是有害的，从而安心养病。下面这个例子就是这样：

　　某校的高中生刘明，由于班内激烈的学习竞争，又面临期末考试，结果一下子把身体累垮了，住进了医院，猛地瘦了十几斤。住院期间，他一方面病痛缠身，另一方面又总惦记着自己的学习，生怕因为耽误了功课而落到后面，导致病情更加严重。他的朋友王东来探望他，了解了他现在的状况后，对他说："我希望你把你的生活想象成一个沙漏。你知道吗？在沙漏的上一半，有很多很多粒沙子，但是，永远也没有办法让两粒以上的沙子同时从一个窄细的漏管中流下去。我们每个人都像这个沙漏。每天要做的事情都很多，如果我们一件一件地做，就像沙子一粒一粒地通过沙漏一样，这样我们才能保证做好事情又不损害身体。相反，如果像你这样一面养病，一面还想着去背课文、做习题，那你既养不好病也搞不好成绩，只有坏处没有好处，不是吗？"

　　刘明听了王东的话，心里终于逐渐恢复了平静。他记住了王东说的"一次只流过一粒沙子，一次只做一件事情"的忠告，没多久就病愈出院了。

　　王东以沙漏打比方，向刘明讲述了"一心不得二用"的道理，形象生动，给人很大启发。刘明明白了这个道理，清楚了现在只有好好养病，才能把失去的功课补回来、才能真正地搞好学习，也就不再焦躁了。

注意保持口径一致

对于病人，尤其是患有严重疾病的病人，探望时，不仅应该尊重医嘱、尊重病人家属的意愿，做到守口如瓶，而且还要在病人面前表现出什么事都没有的样子，甚至与之谈笑风生，显得轻松愉快。病人对其周围亲友的一举一动一般是十分注意的，所以，作为领导要努力劝说病人亲友控制住他们的感情，尤其在危重病人面前，切勿表现出自己很悲伤的样子，一定要表现得镇静自若。还要注意：当病人有什么治疗上的要求时，应尽可能给予满足。病人托办的事，要想尽一切办法帮其办成。

探望病人时的语言禁忌

对于一个可能患癌症的病人，你当不会一见面就对他说："据说你患了癌症，是不是真的？"虽然不至于如此说，然而，却有许多人说出类似的话。那就是：当获知了对方的病名以及病态之时，说出这样的话："听说你心脏不好，真是难搞的疾病呢！"或者："哟！你的热度好高，听说这是危险的信号哩！一定得小心啊！"等等。

只要你探望过病人，就会很容易了解一个事实，那就是：病人四周的人，并不一定向他诉说实情。因为病人的感情是脆弱的，心志已不够坚强了。这时，假如你一切都想着病人的话，那就不该把实情全部告诉他，你应该把病名及病情稍微改变一下"面目"，然后装作若无其事地告诉他，切勿把听到来自医生或别人的消息，一点不差地告诉他。

有时，病人会硬撑着精神和你打招呼。这时，你切勿"表错情"地说："哎！你看起来比我想象中更有精神嘛！"这种说法确实欠考虑。

这么一想之后，前往探病时，只要对方不讲话，你最好不要说太多话。充其量，你只要说说："你感觉如何？身体的状况如何？"或者："请多多保重……"就可以了，不要说太多无用的话。

又如"岁暮天寒，请多多保重……"等说法，也会引起一些人的不快。尤其是年老的人，有很多人是不喜欢听到"岁暮"两个字的。一定要注意一点。